Nolte
Personalwirtschaft

ReFaWi

Herausgegeben

von

Sabine Jungbauer

Personalwirtschaft

Übungsfälle für Rechtsfachwirte

von

Katharina Nolte

Rechtsanwältin, München

6., neu bearbeitete Auflage

 C.F. Müller

Bibliografische Information der Deutschen Nationalbibliothek
Die Deutsche Nationalbibliothek verzeichnet diese Publikation in der Deutschen
Nationalbibliografie; detaillierte bibliografische Daten sind im Internet
über http://dnb.d-nb.de abrufbar.

978-3-8114-0714-5

E-Mail: kundenbetreuung@cfmueller.de
Telefon: +49 89 2183 7923
Telefax: +49 89 2183 7620
www.cfmueller.de

© 2018 C.F. Müller, Waldhofer Straße 100, 69123 Heidelberg

Satz: Strassner ComputerSatz, Heidelberg
Druck: CPI Clausen & Bosse, Leck
Printed in Germany

Vorwort der Herausgeberin

Liebe Leserin,
lieber Leser,

da speziell auf die Bedürfnisse der angehenden Rechtsfachwirte zugeschnittene Literatur auf dem Markt nicht zu finden war, entstand 2007 die Idee zu dieser Buchreihe. Sie hat sich inzwischen etabliert und erscheint nun wiederholt in aktualisierter und erweiterter Auflage. Die Autoren haben etliche Gesetzesänderungen eingearbeitet sowie neue Fälle mit Lösungen für Sie erstellt, so dass Sie sich noch intensiver auf die Prüfung oder auch schwierige Fälle in der Kanzlei vorbereiten können. Denn die Buchreihe hat nicht nur bei angehenden Rechtsfachwirten Anklang gefunden. Sie wird auch von qualifizierten Mitarbeitern in RA-Kanzleien sehr geschätzt, die mit einfachen Fragestellungen nicht mehr zufrieden sind und sich vertieftes Wissen aneignen möchten. Doch bevor Sie sich an das Üben begeben, erlauben Sie bitte noch einige – wichtige – Hinweise.

Für geprüfte Rechtsfachwirte (bis zum Jahr 2001 Bürovorsteher/Geschäftsleiter im RA-Büro) existiert bis heute kein einheitlicher Rahmenlehrplan. Lediglich den Prüfungsordnungen der einzelnen Kammern können Sie die Prüfungsinhalte entnehmen. Dabei ist festzustellen, dass gerade Themen wie Mandantenbetreuung oder Büroorganisation und Büroverwaltung unterschiedliche inhaltliche Vorstellungen hervorrufen und bei den einzelnen Kammern auch unterschiedliche Schwerpunkte gesetzt werden.

Da die Anforderungen an Rechtsfachwirte auch einem Wandel unterliegen, der eng mit den praktischen Anforderungen verknüpft ist, wäre es müßig an dieser Stelle einzelne Unterschiede – auch wenn sie bekannt sind – darzustellen. Sie sollten sich selbst genau erkundigen, welche Themengebiete konkret in Ihrem Kammerbezirk geprüft werden, vor allem, wenn Sie sich entschlossen haben, Ihre Ausbildung zum Rechtsfachwirt in einem Fernstudien-, Online- oder Präsenzseminar außerhalb Ihres Kammerbezirks zu absolvieren. Die Kammern stellen die Prüfungsordnungen auf Wunsch zum Download bereit oder versenden diese auch.

Im Moment steht auf dem Prüfstand, ob die Verordnung über die Prüfung zum anerkannten Abschluss Geprüfter Rechtsfachwirt/Geprüfte Rechtsfachwirtin eine Neuordnung erfährt. Dies wäre nach meiner Auffassung angebracht und sinnvoll. So fehlt insbesondere bis heute eine entsprechende Verordnung für Patentanwaltsfachangestellte. Besonders wünschenswert wäre es aber, wenn den oft kurzen Begriffen der Prüfungsordnung mit Rahmenlehrplänen Leben eingehaucht würde, so dass Interessierte wissen, worauf sie sich einlassen, wenn sie diese Fortbildung anstreben. Bis es aber soweit ist, wird wohl noch einige Zeit vergehen, denn die Bestrebungen stecken noch in den „Kinderschuhen". Vor dem nächsten oder auch übernächsten Auflagenturnus ist erfahrungsgemäß nicht mit einer neuen Verordnung zu rechnen.

Bis dahin kann diese auf die heutige Verordnung ausgerichtete Buchreihe Ihnen helfen, sich gezielt auf Ihre Prüfung vorzubereiten. Den Besuch eines Kurses – gleich welcher Art – können und sollen sie nicht ersetzen. Beachten Sie bitte, dass in den einzelnen Kammerbezirken die Beantwortung von Fragen im Gutachtenstil gefordert wird.

Es würde den Rahmen dieser Reihe sprengen, hier alle Unterschiede aufzugreifen und darzustellen.

In jedem Fall aber werden die Bücher Ihnen helfen, auch schwierigere Fallgestaltungen zu lösen. Damit ein konsequentes Üben möglich ist, wurden die Lösungen zu den Fällen in einem eigenen Kapitel dargestellt. Mein Tipp für Sie: Öfter mal „nur einen Fall lösen" bringt weitaus mehr als das Vorhaben, dieses Buch an einem Wochenende durchzuackern. Die Erfahrung zeigt, dass solche Mammutvorhaben meist nicht umgesetzt werden, und das „schlechte Gewissen" danach ist furchtbar. ☺

In der „Juristerei" gibt es manchmal mehr als eine Lösung. Aus diesem Grund stellen die Lösungen in dieser Buchreihe Lösungsvorschläge dar. Sollten Sie Fehler entdecken oder Anregungen haben, so sind die Autoren und ich als Herausgeberin dankbar für Ihre Hinweise.

Und seien Sie bitte nachsichtig, wenn sich mal ein Tipp- oder Rechenfehler eingeschlichen hat. Solche lassen sich auch bei größter Sorgfalt nicht immer vermeiden.

An dieser Stelle möchte ich nicht versäumen, dem C.F. Müller Verlag dafür zu danken, dass er diese Buchreihe ermöglicht hat. Mein Dank gilt auch Frau Enzmann vom C.F. Müller Verlag für ihre immer freundliche Unterstützung. Das große positive Feedback, das wir erhalten haben, bestätigt unsere Arbeit, und die Fortentwicklung dieser Buchreihe liegt mir als Herausgeberin sehr am Herzen.

Danken möchte ich auch allen Kollegen und Kolleginnen, die mit mir ihre Erfahrungen geteilt haben und mir mit konstruktiven Anregungen zur Seite standen.

Nun bleibt mir noch, Ihnen für Ihre Abschlussprüfung die Daumen zu drücken. Letztendlich gehört auch ein Quäntchen Glück ebenso zum Erfolg, wie der Fleiß beim Lernen.

München, im September 2018   *Sabine Jungbauer*
                                                             Herausgeberin

Vorwort der Autorin

Liebe Rechtsfachwirte und Rechtsfachwirtinnen „in spe",
liebe Leser,

Sie wollen trainieren für Ihre Prüfung? Sie wollen Ihr arbeits- und sozialversicherungsrechtliches Wissen in Fallbeispielen aus der betrieblichen Praxis bzw. für Ihre betriebliche Praxis umsetzen und vertiefen?

Hierzu soll Ihnen dieses Buch mit Übungsfällen und Prüfungsfragen unterschiedlichen
Schwierigkeitsgrades, ergänzt durch Erläuterungen und Tipps, als fundierte Arbeits-
grundlage dienen.

In den rechtssystematisch gegliederten Aufgabenblöcken werden Sie die vom Fachbe-
reich Personalwirtschaft betroffenen arbeits- und sozialversicherungsrechtlichen Themen in je nach Praxis- und Prüfungsbezug unterschiedlicher Gewichtung finden. Hierbei ist eine jeweils langjährige Erfahrung der Verfasserin sowohl aus arbeitsrechtlichem
„Handling" des eigenen Kanzlei-Betriebs als auch aus Dozententätigkeit in der Rechts-
fachwirtausbildung eingeflossen. Ebenso eingearbeitet sind in dieser neu überarbeite-
ten 6. Auflage außer der aktuellen Rechtsprechung des BAG auch die umfangreichen
Gesetzesänderungen von § 611a BGB, dem neuen „Grund-Paragraphen" des Arbeits-
rechts, über das reformierte Mutterschutzgesetz bis zu den seit 25.5.2018 geltenden
neuen Datenschutz-Bestimmungen.

Soweit für die zu bearbeitenden Rechtsfragen geeignet, wurden viele der Fallbeispiele
in der Welt der Rechtsanwaltskanzleien angesiedelt. Denn dort arbeiten Sie bereits
und wollen Sie als Rechtsfachwirt/in nach bestandener Prüfung arbeiten.

Viel Schwung und „Biss" beim Durcharbeiten dieses Buches und viel Erfolg für Ihre
Prüfung sowie für Ihre weitere Berufslaufbahn!

Im Mai 2018   *Katharina Nolte*

Inhaltsverzeichnis

C. Übungsklausuren/Fragestellungen im Prüfungsgespräch

Abkürzungsverzeichnis

AAG	Aufwendungsausgleichsgesetz
AGG	Allgemeines Gleichbehandlungsgesetz
ArbGG	Arbeitsgerichtsgesetz
ArbZG	Arbeitszeitgesetz
AÜG	Arbeitnehmerüberlassungsgesetz
BAG	Bundesarbeitsgericht
BBiG	Berufsbildungsgesetz
BDSG	Bundesdatenschutzgesetz
BEEG	Bundeselterngeld – und Elternzeitgesetz
BetrVG	Betriebsverfassungsgesetz
BGB	Bürgerliches Gesetzbuch
BRAO	Bundesrechtsanwaltsordnung
BUrlG	Bundesurlaubsgesetz
DSGVO	Datenschutz-Grundverordnung
EFZG	Entgeltfortzahlungsgesetz
GewO	Gewerbeordnung
GG	Grundgesetz
GKG	Gerichtskostengesetz
HGB	Handelsgesetzbuch
h.M.	herrschende Meinung
IHK	Industrie- und Handelskammer
InsO	Insolvenzordnung
i.V.m.	in Verbindung mit
JArbSchG	Jugendarbeitsschutzgesetz
KSchG	Kündigungsschutzgesetz
MiLoG	Mindestlohngesetz
MuSchG	Mutterschutzgesetz
NachwG	Nachweisgesetz
PflegeZG	Pflegezeitgesetz
RVO	Reichsversicherungsordnung
SGB III – X	Sozialgesetzbücher III – X
TVG	Tarifvertragsgesetz
TzBfG	Teilzeit- und Befristungsgesetz
ZPO	Zivilprozessordnung

Bearbeitungshinweis

Die Lösungen zu den Übungsfällen dieses Buches sind jeweils nachvollziehbar zu begründen. Hierbei sind auch die einschlägigen Rechtsvorschriften unter genauer Zitierung des Absatzes bzw. Satzes der gesetzlichen Regelung anzugeben.

Warum?

- Durch systematische Herleitung erreichen Sie weitgehend sicher die richtige Lösung.

- Eine saubere Begründung Ihrer möglicherweise bereits „aus dem Bauch raus erwischten" richtigen Lösung vertieft und trainiert Ihr Wissen, was wesentlich zum Sinn dieses Buches gehört.

- Anhand einer nachvollziehbar begründeten Antwort können die Korrektoren einer Klausur die zu vergebenden Punkte festmachen.

- Der genaue Umgang mit dem Gesetz als Grundlage für die jeweiligen Antworten schützt vor fatalen Flüchtigkeitsfehlern in Klausuren.

- Das geübte Nutzen des Gesetzes als Leitfaden für die jeweilige Problemlösung ist letztlich weniger Kraftaufwand als das reine „Pauken" einzelner Falllösungen.

- Last but not least: Auch in der betrieblichen Praxis ist das jeweils gültige Gesetz stets als Gebrauchsanleitung zur Lösung der vielfältigen betrieblichen Problemstellungen zu verwenden. Gesetze werden jedoch leider immer wieder geändert. Es reicht daher auch für die spätere berufliche Praxis nicht aus, eine zur Zeit eines Vorbereitungskurses richtige Antwort auswendig gelernt wiedergeben zu können, da die Gefahr besteht, dass bei Anwendung des möglicherweise geänderten aktuellen Gesetzes sich bereits eine abweichende Lösung ergeben würde.

A. Übungsfälle

I. Arbeitsvertrag und Arbeitsverhältnis

1. Wesen und Wirksamkeit des Arbeitsvertrags

Fall 1:

Der 20-jährige Jurastudent A ist seit zwei Monaten in der Kanzlei des X als Hilfskraft angestellt zur Erledigung der ihm zugeteilten Arbeiten wie z.B. Nachsortieren von Ergänzungslieferungen oder Aktenarchivierung. Die Arbeitszeiten des A sind Freitag und Dienstag jeweils von 16 Uhr bis 19 Uhr. Einen schriftlichen Vertrag haben A und X für diese geringfügig entlohnte Nebentätigkeit des A nicht eigens abgeschlossen.

a) Liegt ein wirksames Arbeitsverhältnis zwischen A und X vor?

b) Ändert sich an der Lösung zu a) etwas, wenn A von X einen Monat nach seinem Arbeitsbeginn die Abfassung eines schriftlichen Arbeitsvertrags wegen einer für X geltenden Nachweispflicht gefordert hat, X dies aber bisher nicht erledigt hat?

Fall 2:

Kann X den 15-jährigen N für die in Fall 1 dargestellte Nebentätigkeit anstellen,

a) wenn N nach seinem Schulabschluss mit mittlerer Reife bei X die Nebentätigkeit antreten will, ohne dass seine Eltern damit einverstanden sind?

b) wenn die Eltern des N ihrem Sohn gegenüber mündlich erklären, dass sie mit der Nebentätigkeit nach seinem Schulabschluss einverstanden sind, und N dies dem X mitteilt?

c) wenn N noch vollzeitschulpflichtig ist und mit Einverständnis seiner Eltern den Nebenjob bei X für vier Wochen in den Sommerferien wahrnehmen will?

Fall 3:

Sekretärin S ist im Betrieb X seit drei Jahren auf der Basis eines Dienstvertrags für Freie Mitarbeiter als „Assistentin" des Abteilungsleiters B angestellt. S wird nach Rechnungsstellung mit einem monatlichen Fixum vergütet, wobei die Abführung der Sozialabgaben S obliegt. S hat zu den betriebsüblichen Bürozeiten an den Tagen Montag bis Freitag die anfallenden, von B zugewiesenen Sekretariatsarbeiten in betriebsüblicher Weise zu erledigen. Ab diesem Monat ist S in ein offizielles Arbeitsverhältnis auf Lohnabrechnungsbasis übernommen worden und hat bei ansonsten gleich bleibender Tätigkeit einen schriftlichen Arbeitsvertrag abgeschlossen. Seit wann besteht ein wirksames Arbeitsverhältnis der S im Betrieb X?

Fall 4:

Rechtsanwalt X beschäftigt eine Rechtsanwaltsfachangestellte und möchte ab nächstem Monat zur Verstärkung die 16-jährige Auszubildende N einstellen. N legt bei ihrem Abschluss des Ausbildungsvertrags mit X eine Einwilligungserklärung ihrer Eltern vor.

a) Ist ein wirksames Ausbildungsverhältnis entstanden?

b) Ändert sich an der Lösung zu a) etwas, wenn X während seiner Studienzeit vor zehn Jahren wegen Kokainbesitzes rechtskräftig verurteilt worden war?

Fall 5:

Inwieweit sind folgende Fragen in einem Einstellungsgespräch für eine Stellenbesetzung als Rechtsanwaltsfachangestellte/r zulässig?

- Beruflicher Werdegang
- Familienstand
- Lebensalter
- Kinderwunsch bzw. Schwangerschaft
- Krankheiten der letzten drei Jahre
- bestehende Drogenabhängigkeit bzw. Alkoholkrankheit
- Schwerbehinderung
- Lohnpfändungen
- Vorstrafen in Verkehrsdelikten

Fall 6:

A hat die in der Kanzlei X gesuchte Stelle als Rechtsanwaltsfachangestellte erhalten. Am 1. Mai tritt sie ihre Stelle bei X an. Im Einstellungsgespräch hatte sie wahrheitswidrig die Frage nach Vorstrafen in Verkehrsdelikten verneint. Am 20. Juli erfährt X zufällig von der von A verschwiegenen Vorstrafe. X erklärt empört gegenüber A, die ihn belogen hat: „Wenn ich das gewusst hätte, hätte ich Sie nicht angestellt."

a) Kann X den Arbeitsvertrag anfechten?

b) Ändert sich an der Lösung zu a) etwas, wenn die von X am 20. Juli entdeckte falsche Antwort der A die Frage nach ihrem beruflichen Werdegang betraf, dem A wahrheitswidrig ein Praktikum in einer englischen Kanzlei hinzugedichtet hatte?

c) Bis wann müsste X eine Anfechtung in b) spätestens erklären?

d) Welche Rechtsfolge hätte eine wirksame Anfechtung am 20. Juli für den Bestand des Arbeitsverhältnisses zwischen X und A sowie für die seit 1. Mai aufgelaufenen Vergütungsansprüche der A?

Fall 7:

X führt mit strenger Hand seine Kanzlei. Muss folgenden Anweisungen des Arbeitgebers X nachgekommen werden?

a) X verhängt ein allgemeines Rauchverbot in den Kanzleiräumen.

b) X weist die als Schreibkraft eingestellte S an, für die seit nun schon drei Wochen krankheitsbedingt ausgefallene Putzfrau P einzuspringen und wenigstens am Freitagnachmittag mal die Kanzleiräume zu saugen.

c) Die bei X als Rechtsanwältin angestellte A wird von X angewiesen, statt der bisher von ihr bearbeiteten Verkehrsdelikte künftig baurechtliche Angelegenheiten zu bearbeiten.

d) X ordnet an, dass die bei ihm angestellten Rechtsanwälte und Kanzleimitarbeiter mit Mandantenkontakt in seiner Kanzlei keine Jeans tragen dürfen, da hieran sonst das Image der Kanzlei und die den Mandanten vermittelte Kompetenz leiden würde.

e) X weist Anwaltsgehilfin A an, um einen für seine Argumentation günstigen Beleg zu erhalten, den Eingangsstempel um einen Monat zurückzudatieren und hiermit ein tatsächlich erst am Tag der Anweisung an A in der Kanzlei eingegangenes Schriftstück zu versehen.

Fall 8:

Haben die Angestellten des X Anspruch auf Weihnachtsgeld für das nächste Jahr?

a) Seit 2005 zahlt X an seine Angestellten alle Jahre wieder ein außervertragliches Weihnachtsgeld, welches er je nach sich abzeichnender betrieblicher Lage der Höhe nach unterschiedlich pro Jahr bemisst.

b) X zahlt seit fünf Jahren mit dem Novembergehalt ein zusätzliches halbes Gehalt als Weihnachtsgeld aus. In den Arbeitsverträgen steht das Weihnachtsgeld unter folgendem Vorbehalt: „Freiwillige Leistungen: Als zusätzliche freiwillige soziale Leistung erhalten die Arbeitnehmer jährlich ein halbes Gehalt als Weihnachtsgeld."

c) Ändert sich an der Antwort zu b) etwas, wenn in den Arbeitsverträgen des Betrieb des X vereinbart ist: „Änderungen oder Ergänzungen dieses Arbeitsvertrags einschließlich der Aufhebung dieser Schriftformklausel bedürfen zu ihrer Wirksamkeit der Schriftform"?

Fall 9:

A erhielt seit einigen Jahren von Arbeitgeber X ein Monatsgehalt als Weihnachtsgeld. X will für dieses Jahr kein Weihnachtsgeld auszahlen und beruft sich auf folgende in den Arbeitsverträgen seines Betriebs bzw. im Vertrag mit A enthaltene Klausel:

„Soweit der Arbeitgeber Sonderzahlungen wie Urlaubsgeld oder Weihnachtsgeld gewährt, erfolgen diese Zahlungen jeweils freiwillig und ohne jede rechtliche Verpflichtung. Sie sind jederzeit widerruflich."

Hat A dennoch Anspruch auf Weihnachtsgeld?

Fall 10:

Rechtsanwaltsfachangestellte A war eineinhalb Jahre in der Kanzlei des X angestellt. Mitte November haben A und X zum 31.12. einen Aufhebungsvertrag geschlossen mit darin vereinbarter Freistellung bei ungekürzter Fortzahlung der Bezüge bis zum 31.12. In der Kanzlei des X erhielten seit Jahren alle Arbeitnehmer – so auch A im letzten Jahr – mit dem Dezembergehalt ein Weihnachtsgeld in Höhe eines halben Gehalts. X hat sich jedes Jahr bei der Weihnachtsgeldauszahlung von den Arbeitnehmern bestätigen lassen, dass dies eine freiwillige Sonderleistung ist und auch bei wiederholter Zahlung kein Rechtsanspruch für die Zukunft entsteht.

X zahlt auch in diesem Dezember das alljährliche Weihnachtsgeld seiner Belegschaft aus, allerdings einzig nicht mehr an die zum 31.12. ausscheidende A. Hat A Anspruch auf Weihnachtsgeld?

Fall 11:

Sind folgende vertragliche Rückzahlungsklauseln wirksam?

a) „Eine gegebenenfalls mit dem Dezembergehalt ausgezahlte Weihnachtsgratifikation in Höhe eines Monatsgehalts ist bei bis zum 31.3. des Folgejahres erfolgender Beendigung des Arbeitsverhältnisses zurückzuzahlen."

b) Die in der Kanzlei des X angestellte R hat mit X, der am langfristigen Einsatz der weiterqualifzierten R in seiner Kanzlei interessiert ist, vereinbart, dass X die Kosten der ca. eineinhalbjährigen Fortbildung der R zur Rechtsfachwirtin bis zur Höhe von 2,5 Monatsgehältern der R übernimmt sowie die an sich für eine 5-Tage-Woche angestellte R außer an den Prüfungstagen auch an jedem Freitag der 30 Seminarwochenenden unter Vergütungsfortzahlung freistellt. Sie haben folgende Rückzahlungsklausel vereinbart:

„Endet das Arbeitsverhältnis durch eine durch die Arbeitnehmerin zu vertretende Kündigung, sind die vom Arbeitgeber geleisteten Fortbildungskosten diesem zurückzuerstatten. Der Erstattungsbetrag kürzt sich für jedes Monat, während dessen die Arbeitnehmerin nach Abschluss der Fortbildung ihr Arbeitsverhältnis fortgeführt hat, um 1/24-tel."

Fall 12:

In den Formulararbeitsverträgen des Betriebs X ist folgende Vertragsklausel enthalten:

„Ausschlussfristen: Alle Ansprüche aus diesem Arbeitsverhältnis sind von den Vertragsparteien binnen drei Monaten seit Fälligkeit schriftlich geltend zu machen und im Falle der Ablehnung binnen weiterer drei Monaten einzuklagen. Andernfalls gelten die Ansprüche als erloschen. Dies gilt nicht für Ansprüche wegen strafbarer oder unerlaubter Handlungen bzw. vorsätzlicher oder grob vorsätzlicher Pflichtverletzungen sowie nicht für den gesetzlichen Mindestlohn."

a) Ist die vertragliche Ausschlussfrist für A wirksam, wenn A den Arbeitsvertrag mit X im Jahr 2018 abgeschlossen hat?

b) Ist die Ausschlussfrist wirksam, wenn B den Arbeitsvertrag mit X im Jahr 2015 abgeschlossen hat und danach keine neuen Änderungsvereinbarungen erfolgt sind, aber B aufgrund ihrer Herkunft aus Bulgarien die deutsche Sprache und damit auch die Klauseln des von ihr unterzeichneten Arbeitsvertrags bei Vertragsschluss nicht verstanden hat?

c) Inwieweit hätte B eine Ausschlussfrist zu wahren, wenn in ihrem Arbeitsvertrag aus dem Jahr 2015 als Frist zur gerichtlichen Geltendmachung nur zwei Monate und als vorausgehende Frist zur schriftlichen Geltendmachung drei Monate vereinbart sind?

Fall 13:

Die Arbeitsverträge im Betrieb des X enthalten folgende Staffelung des Jahresurlaubsanspruchs bezogen auf eine Vollzeitkraft mit Fünf-Tage-Woche:

- 26 Arbeitstage bis zum vollendeten 30. Lebensjahr
- 29 Arbeitstage ab dem 31. Lebensjahr bis zum vollendeten 40. Lebensjahr
- 30 Arbeitstage ab dem 41. Lebensjahr

Ist die Arbeitsvertragsklausel wirksam? (Der gesetzliche Mindesturlaub ist nicht zu prüfen und nicht unterschritten.)

2. Besondere Arbeitsverhältnisse

a) Befristete Arbeitsverhältnisse und Leiharbeit

Fall 14:

Anlässlich Umbaumaßnahmen sowie gleichzeitig einer auf das Datensystem bezogenen Umstrukturierung der Kanzlei X besteht für die Monate Juli bis September personeller Mehrbedarf, der durch H abgedeckt werden soll. H ist demgemäß seit Juli in der Kanzlei als zusätzliche Hilfskraft tätig. Für die kurze Zeit haben H und X von einem schriftlichen Arbeitsvertrag abgesehen.

a) Besteht ein Arbeitsverhältnis bzw. ein befristetes Arbeitsverhältnis der H?

b) Kann X der H vor Ablauf des Septembers ordentlich kündigen, wenn er mit ihr zwar keinen schriftlichen Vertrag geschlossen hat, aber auf einem Zettel von beiden eine Erklärung unterzeichnet wurde, dass die Aushilfstätigkeit der H bis Ende September begrenzt ist?

Fall 15:

a) In der Kanzlei X mit über 20 Beschäftigten wird Rechtsfachwirtin M ab März für 6 Monate Pflegezeit für die Betreuung ihres pflegebedürftigen Vaters in Anspruch nehmen. Die Vertretung der M soll die frisch absolvierte Rechtsfachwirtin A übernehmen. In Anbetracht der bisher von M übernommenen umfangreichen Funktionen in der Kanzlei ist es zur Gewährleistung eines reibungslosen Übergangs notwendig, dass A zumindest zwei Wochen zuvor von M eingearbeitet wird. X schließt daher mit A ab Mitte Februar bis zum Ablauf der Pflegezeit der M einen befristeten schriftlichen Arbeitsvertrag. Ist der Vertrag wirksam befristet?

b) Ändert sich an der Antwort zu a) etwas, wenn M ab März statt in Pflegezeit in Elternzeit gehen wird?

Fall 16:

A und B gründen am 10. Juli zusammen die neue Event Master GmbH, die B als Geschäftsführer gesetzlich vertritt. Für technische Aufgaben soll T angestellt werden. B kennt die Fähigkeiten des T aus der Zeit, als dieser vor drei Jahren in einem von B mit seinem Bruder C als gemeinsame Inhaber betriebenen Elektrogeschäft gearbeitet hatte.

a) T soll zunächst befristet für ein Jahr angestellt werden. Ist dies wirksam möglich?

b) Wie oft und bis zu welchem Zeitpunkt könnte ein befristeter Vertrag mit T verlängert werden?

c) Für wie lange könnte am 10. Juli in vier Jahren ein Arbeitsvertrag eines neu eingestellten Arbeitnehmers bei der Event Master GmbH befristet werden?

d) Für wie lange könnte am 11. Juli in vier Jahren ein Arbeitsvertrag eines neu einge-stellten Arbeitnehmers bei der Event Master GmbH befristet werden?

Fall 17:

Auszubildende A soll im Anschluss an ihre Ausbildung in der Kanzlei des X zunächst auf ein Jahr – bis zum 31. Juli des Folgejahres – befristet in ein Arbeitsverhältnis über-nommen werden, um A den Übergang in eine in Aussicht genommene spätere Festan-stellung zu erleichtern bzw. zumindest die Vermittlungschancen der A auf dem Ar-beitsmarkt zu verbessern.

a) Ist die befristete Anstellung der A wirksam möglich?

b) Ändert sich an der Antwort zu a) etwas, wenn der befristete Arbeitsvertrag mit der in der Kanzlei nach ihrem Ausbildungsabschluss weiter beschäftigten A nach der abgewarteten Urlaubsrückkehr des X eine Woche nach dem offiziellen Ende des Ausbildungsverhältnisses der A abgeschlossen wird?

Fall 18:

A war vor 2 Jahren im Betrieb des X für 1 Jahr angestellt. X will A nun neuerlich einstel-len. Allerdings schließt X im Hinblick auf seine Entscheidungsfreiheit sowie die Flexibi-lität seines Betriebs grundsätzlich lieber Zeitverträge ab. A ist damit einverstanden. So vereinbaren X und A am 1. Oktober schriftlich, dass ihr Arbeitsverhältnis vorerst bis 30. September befristet ist. Weitere besondere arbeitsvertragliche Regelungen insbe-sondere zu Kündbarkeit etc. werden nicht vereinbart.

a) X erwägt seit Februar, sich vorzeitig wieder von A zu trennen. Zu welchem Datum könnte X frühestens ordentlich kündigen?

b) Binnen welcher Frist müsste A Klage auf Feststellung der Unwirksamkeit der Befris-tung seines Arbeitsvertrags erheben, wenn X auf das Ende des Arbeitsverhältnisses zum 30. September mit einem dem A am 12. September zugegangenen Schreiben hingewiesen hat?

Fall 19:

A wird im Februar im Betrieb des X als Mitarbeiter für ein Entwicklungsprojekt bis zu dessen Abschluss eingestellt. X und A haben einen schriftlichen befristeten Vertrag ge-schlossen. Das Projekt wird am 20. April erfolgreich abgeschlossen sein. Hiervon er-zählt X dem A bereits am 1. April beim gemeinsamen Mittagessen. Am 4. April geht dem A ein Schreiben des X zu, in dem der Termin des Abschlusses des Projekts zum 20. April mitgeteilt wird.

a) Wann endet das Arbeitsverhältnis des A?

b) Ändert sich an der Antwort zu a) etwas, wenn das Schreiben des X dem A erst am 10. April zugeht?

Fall 20:

In der Kanzlei des X soll die Zeit, in der Hilfskraft H krankheitshalber für voraussicht-lich sechs Wochen ausfällt, mit Leiharbeitnehmerin L von der Zeitarbeitsfirma Z über-brückt werden.

20

a) Welchem Betrieb obliegt die Vergütungspflicht gegenüber L, welcher Betrieb ist für die Einhaltung der Schutzpflichten verantwortlich?

b) Nachdem L drei Wochen in der Kanzlei des X tätig gewesen ist, stellt sich heraus, dass die Erlaubnis der Zeitarbeitsfirma Z zur gewerbsmäßigen Arbeitnehmerüberlassung seit zwei Wochen nach Tätigkeitsaufnahme der L bei X nicht mehr besteht und nicht mehr erteilt wird. Wie ist die vertragliche Beziehung zwischen X und L?

c) Was gilt für die Arbeitszeit und den Vergütungsanspruch der L gegenüber X im Fall b)?

b) Teilzeitarbeit und Elternzeit

Fall 21:

Im Betrieb des X sind fünf Teilzeitkräfte und sieben Vollzeitkräfte beschäftigt. X hat jedes Jahr unter je wirksam erklärtem Freiwilligkeitsvorbehalt an alle Angestellten Weihnachtsgeld in Höhe eines Monatsgehalts bezahlt. In diesem Jahr kürzt X das Weihnachtsgeld je um einen pauschalen Betrag von 500 €. Ist die Kürzung des Weihnachtsgelds für die Teilzeitkräfte wirksam?

Fall 22:

Rechtsanwältin A ist seit 1. Januar als Vollzeitkraft in der Kanzlei des X mit achtzehn Mitarbeitern einschließlich A zur Bearbeitung arbeitsrechtlicher Angelegenheiten angestellt. Da ihr diese Tätigkeit nicht liegt und A sich lieber mehr um ihre Familie kümmern will, beabsichtigt A, ihre Stelle baldmöglichst auf Teilzeit zu reduzieren.

a) A stellt am 1. April bei X einen Antrag auf Verringerung ihrer Arbeitszeit ab 1. Juli. Ist das Verlangen der A wirksam?

b) Zu welchem Termin kann A frühestens die Verringerung ihrer Arbeitszeit verlangen?

c) Kann A überhaupt die Verringerung ihrer Arbeitszeit gegenüber X beanspruchen, wenn die achtzehn Arbeitnehmer der Kanzlei sich wie folgt zusammensetzen: zehn Vollzeitkräfte, vier Teilzeitkräfte mit je 20 Wochenstunden sowie vier Teilzeitkräfte mit je 30 Wochenstunden?

Fall 23:

Rechtsanwaltsfachangestellte R ist seit acht Jahren in der Kanzlei des X mit 30 Mitarbeitern beschäftigt. R will ihre Stelle auf Teilzeit reduzieren. Am 20. September übergibt R dem X ein Teilzeitverlangen auf Verringerung ihrer Arbeitszeit von vierzig Wochenstunden auf zwanzig Wochenstunden ab 1. Januar.

a) Welche Konsequenz hat es, wenn R vergessen hat, in ihrem Schreiben die gewünschte Lage der Arbeitszeiten ihrer verringerten Wochenarbeitszeit anzugeben?

b) Welche Frist und Form gilt für die Reaktion des X auf das Teilzeitverlangen der R?

c) Muss X dem Teilzeitbegehren der R nachkommen, wenn diese nach wegen betrieblichen Gründen gescheitertem Verhandlungsgespräch mit X ihren Verteilungswunsch entsprechend ändert und mit einer auf je volle Tage verteilten Verringerung ihrer Wochenstunden einverstanden wäre?

Fall 24:

A ist seit 8 Jahren in der Kanzlei des X in Teilzeit mit zwanzig Wochenstunden beschäftigt. Nachdem die zwei Kinder der A mittlerweile „aus dem Gröbsten raus" sind, will A künftig in Vollzeit bei X tätig werden.

a) Inwiefern ist die Betriebsgröße der Kanzlei des X für einen etwaigen Anspruch der A auf Verlängerung ihrer Arbeitszeit relevant?

b) Hat A Anspruch auf eine von X für sie einzurichtende Vollzeitstelle, wenn X dazu die erst seit 3 Wochen eingestellte Teilzeitkraft B im Wege einer grundlos binnen 2 Wochen möglichen Kündigung in der vereinbarten Probezeit kündigen müsste? Dringende betriebliche Gründe stünden ansonsten nicht entgegen.

Fall 25:

Die seit drei Jahren in der Kanzlei des X mit mehr als 20 Arbeitnehmern angestellte Rechtsfachwirtin R ist am 10. Mai Mutter einer Tochter geworden. Im Anschluss an ihre Mutterschutzzeit will R ein Jahr in Elternzeit gehen. Im folgenden Jahr soll die Elternzeit von V, dem Vater der gemeinsamen Tochter und Lebensgefährten der R wahrgenommen werden. R und V leben mit ihrer Tochter in einem Haushalt zusammen.

a) Muss R die Gewährung der Elternzeit bei X beantragen?

b) Welche Form und Frist muss R zur Inanspruchnahme ihrer Elternzeit gegenüber X wahren?

c) Ändert sich die Antwort zu b), wenn R ein Jahr Elternzeit ab dem 6. Geburtstag ihrer Tochter nehmen möchte?

d) Welche Konsequenz hat eine wirksam in Anspruch genommene Elternzeit der R für den Bestand ihres Arbeitsverhältnisses bei X?

Fall 26:

Die Lebenssituation der aus dem vorausgegangenen Fall bekannten R und V hat sich anders entwickelt als bei Beginn der von R zunächst auf ein Jahr in Anspruch genommenen Elternzeit erwartet.

a) Kann R von X die Verlängerung ihrer Elternzeit auf zwei Jahre verlangen, weil V im Hinblick auf seine berufliche Karriere sich nun doch lieber an seinem Arbeitsplatz ohne Unterbrechung durch eine Elternzeit weiter profilieren will?

b) Unter welcher Voraussetzung könnte R in a) ihre Elternzeit verlängern?

c) Kann R von X die Verlängerung ihrer Elternzeit auf zwei Jahre verlangen, wenn V aufgrund schwerer Verletzungen durch einen Motorradunfall die Betreuung der zweijährigen Tochter bis auf Weiteres nicht leisten kann?

d) Was muss R zeitlich beachten, um die Verlängerung ihrer Elternzeit im Fall c) von X verlangen zu können?

Fall 27:

Rechtsanwaltsfachangestellte A ist seit zwei Jahren in der Kanzlei des X als Vollzeitkraft angestellt. X beschäftigt einschließlich A insgesamt fünfzehn Arbeitnehmer sowie seit einem Jahr auch den freien Mitarbeiter F, welcher bei X mehr als die Hälfte seines Erwerbs verdient.

a) Hat A Anspruch auf Teilzeitarbeit, wenn A in Elternzeit gegangen ist?

b) Hat A Anspruch auf Teilzeitarbeit, wenn A Pflegezeit in Anspruch nimmt?

c) Welche Frist und Form hat A für die Beanspruchung der Teilzeit während Pflegezeit in Fall b) zu wahren?

d) X hat für die Elternzeit der A die Vollzeitkraft V zur Vertretung eingestellt. A will nun während der Elternzeit eine Teilzeittätigkeit aufnehmen. V will wie ihre Kolleginnen ihre Arbeitsverpflichtung nicht zugunsten A reduzieren. – Müsste X dennoch dem Teilzeitbegehren der A nachkommen, wenn F als Arbeitnehmer seines Betriebs zu qualifizieren ist?

e) Bis wann müsste X in Fall d) unter Wahrung welcher Form auf den Verringerungsantrag der A reagieren?

II. Pflichten der Arbeitsvertragspartner

1. Pflichten des Arbeitnehmers

Fall 28:

Die 20-jährige Anwaltsgehilfin A ist in der Kanzlei des X für die Tage Montag bis Freitag jeweils von 9 Uhr bis 13 Uhr angestellt. Aufgrund des außerordentlichen Arbeitsanfalls in der letzten Woche vor Weihnachten verlangt X, dass A nach ausreichender Pause am Freitag noch weitere zwei Stunden in der Kanzlei bleibt zur Erledigung des restlichen Schriftverkehrs vor den Feiertagen.

a) Muss A der Überstundenanordnung Folge leisten, auch wenn in ihrem Arbeitsvertrag keine ausdrückliche Regelung hierzu enthalten ist?

b) Muss A der Überstundenanordnung Folge leisten, wenn ihr Arbeitsvertrag zwar die Verpflichtung zu Überstunden vorsieht, A sich jedoch darauf beruft, keine Überstunden leisten zu müssen, weil sie schwanger ist?

Fall 29:

A ist in der Kanzlei des X als Rechtsanwaltsfachangestellte beschäftigt. Ihr als ausbildende Fachkraft zugeteilt ist die Auszubildende N. Sind A bzw. N zu folgenden Arbeitsleistungen verpflichtet?

a) Für eine große Mandantenbesprechung des X soll A Kaffee in den Konferenzraum der Kanzlei bringen.

b) A lässt den für die Mandantenbesprechung angeforderten Kaffee von N in den Konferenzraum bringen.

c) N soll bei der Staatsanwaltschaft Unterlagen zur Akteneinsicht für X abholen.

d) N soll am Ende der Woche die Toilette und die Außentreppe der Kanzlei putzen.

e) A soll nach einem Wassereinbruch in zwei Kanzleiräumen beim Aufwischen sowie bei Schutzmaßnahmen (Hochstellen, Umstellen, Abdichten) bzgl. technischer Geräte helfen.

Fall 30:

Sind folgende einzelvertragliche Vereinbarungen zu Arbeitszeiten eines 30-jährigen nicht tarifgebundenen Büroangestellten wirksam?

a) Montag und Mittwoch je von 12 Uhr bis 20.30 Uhr mit je einer Pause zwischen 15.30 Uhr und 16 Uhr sowie Donnerstag von 7 Uhr bis 15.30 Uhr mit einer Pause zwischen 10.30 Uhr und 11 Uhr.

b) Montag bis Samstag jeweils von 9 Uhr bis 14 Uhr ohne Pause.

Fall 31:

Wie wäre die Wirksamkeit der Arbeitszeiten aus dem vorausgegangenen Fall für den 17-jährigen Büroangestellten N zu beurteilen? Dabei ist davon auszugehen, dass für N keine besonderen Vorschriften aufgrund Tarifvertrag oder Rechtsverordnung gelten.

Fall 32:

Ändert sich an der Antwort zu dem vorausgegangenen Fall etwas, wenn N Auszubildender wäre?

Fall 33:

Rechtsanwaltsfachangestellte R muss am 30. September die Sekretariatsarbeit der Kanzlei des X alleine, ohne die krankheitsbedingt an diesem Tag ausgefallene Kollegin K bewältigen. Aufgrund einiger am 30. September ablaufender Fristen bzw. insbesondere einer am gleichen Tag ablaufenden Berufungsbegründungsfrist und des unvorhergesehenen Ausfalls ihrer Kollegin ist es nötig, dass R bis ca. 20 Uhr arbeitet. Ansonsten wäre der Arbeitsanfall der Kanzlei, insbesondere die Berufungsbegründungsfrist nicht rechtzeitig zu erledigen. Der Arbeitstag von R hat um 8 Uhr begonnen. Die Anordnung von Überstunden ist vertraglich vorgesehen. – Darf X die R am 30. September bis 20 Uhr beschäftigen?

Fall 34:

Die Arbeitnehmer der Kanzlei des X verfolgt in letzter Zeit das Pech:

a) Am Montag verschüttet Anwaltsgehilfin A etwas unachtsam, nachdem sie gestolpert ist, den von ihr in den Besprechungstermin gebrachten Kaffee auf dem teuren Marken-Anzug des Mandanten M. – Inwieweit muss A bzw. X Schadensersatz für die Beschädigung am Eigentum des M leisten?

b) Am Mittwoch beschädigt Rechtsanwaltsfachangestellte B den Flachbildschirm ihres Arbeitsplatzes, der wegen eines von B völlig chaotisch sowie offenbar viel zu hoch aufgebauten Leitzordner-Turms bei dessen Kippen mit zu Boden gerissen wurde. – Muss B zumindest anteilig den Schaden an dem Flachbildschirm ersetzen?

c) Am Freitag, dem 13. des Monats, verletzt die bei X angestellte Putzfrau P versehentlich den in der Kanzlei des X angestellten Rechtsanwalt R, als dieser von dem Eimer am Kopf getroffen wird, der P beim Fensterputzen von der Leiter fällt. – Ist P dem R zu Schadensersatz wegen der von ihr zugefügten Verletzung verpflichtet?

Fall 35:

Sind folgende Arbeitsvertragsklauseln zur Verschwiegenheitspflicht wirksam?

a) „Der Arbeitnehmer ist verpflichtet, alle vertraulichen Angelegenheiten, insbesondere Betriebs- und Geschäftsgeheimnisse des Arbeitgebers geheim zu halten. Diese Verpflichtung besteht auch nach Beendigung des Arbeitsverhältnisses."

b) „Der Arbeitnehmer ist verpflichtet, über sämtliche Geschäftsvorgänge, die ihm anlässlich bzw. während seiner arbeitsvertraglichen Tätigkeit bekannt werden, strenges Stillschweigen zu bewahren. Diese Verpflichtung besteht auch nach Beendigung des Arbeitsverhältnisses."

Fall 36:

A ist im Betrieb des X angestellt. A wird sich zum Ende des Jahres von X trennen. A will sich danach entweder selbständig machen oder bei dem Konkurrenzunternehmen K eine Anstellung erreichen. Verletzt A seine arbeitsvertraglichen Pflichten in folgenden Fällen?

a) A bereitet im November seinen beruflichen Neuanfang wie folgt vor: Er schickt eine Bewerbung an das Unternehmen K. Darüber hinaus fragt A seinen Kollegen B, der mit A zusammen im Betrieb des X arbeitet, wie dessen berufliche Pläne sind und ob dieser sich prinzipiell vorstellen könnte, – unter Einhaltung der Kündigungsfrist des B – in einem möglicherweise von A aufgebauten neuen Betrieb mitzuarbeiten.

b) A versucht seinen Kollegen B dazu zu bewegen, für den Fall dass A nicht im Unternehmen K angestellt wird, bereits ab Februar des nächsten Jahres unter Missachtung der bis April laufenden Kündigungsfrist in den neuen Betrieb des A einzutreten. Im Arbeitsvertrag des A besteht keine Regelung zu einem Wettbewerbsverbot.

c) A fragt seit November bei Kunden des X an, ob sie im Fall der von A geplanten Neugründung eines Betriebs zu A wechseln wollen.

d) A betreibt seit November ohne Kenntnis und Genehmigung des X bereits erste mit dem Betrieb des X konkurrierende Eigengeschäfte.

e) A tritt nach Beendigung seines Arbeitsverhältnisses bei X zum 31. Dezember ab 1. Januar seine neue Arbeitsstelle im Konkurrenzunternehmen K an. Im schriftlichen Arbeitsvertrag zwischen A und X ist folgende abschließende Regelung zu einem nachvertraglichen Wettbewerbsverbot enthalten: „Nach Beendigung des Arbeitsverhältnisses ist es für den Zeitraum von zwei Jahren dem Arbeitnehmer verboten, eine konkurrierende Tätigkeit auszuüben."

Fall 37:

In dem Arbeitsvertrag des A mit X ist eine Klausel über ein nachvertragliches Wettbewerbsverbot enthalten, die auf zwei Jahre begrenzt ist und den Arbeitgeber zur Zahlung einer Karenzentschädigung in Höhe eines halben Gehalts während des Wettbewerbsverbots verpflichtet. A arbeitet in dem auf die Beendigung seines Arbeitsverhältnisses bei X folgenden Jahr in dem branchenfernen Unternehmen Y. A verdiente bei X zuletzt 5.000 € monatlich. Sein Monatsgehalt bei Y beträgt 4.000 €.

Welchen Betrag muss X an A während dessen Wettbewerbsverbots bezahlen, wenn A für die Tätigkeit bei Y an seinem Wohnsitz bleiben konnte?

2. Vergütungspflicht des Arbeitgebers

a) Lohn für Arbeitsleistung

Fall 38:

A arbeitet seit Anfang diesen Monats in der Firma des X am Vormittag des Montag, Mittwoch und Freitag für je 5 Stunden als Hilfskraft für Sekretariatsarbeiten und sonstige Organisationsaufgaben je nach Weisung des X. Einen schriftlichen Vertrag haben A und X nicht geschlossen. Als Monatslohn haben A und X 700 € mündlich vereinbart.

a) Hat A Anspruch auf Arbeitsentgelt?

b) Wann wäre erstmals an A Lohn auszuzahlen?

c) Hat A Anspruch auf eine schriftliche Lohnabrechnung?

d) Hat A Anspruch auf eine Nettoauszahlung der vereinbarten 700 €?

e) Wann würde der Lohnanspruch des A verjähren?

Fall 39:

Besteht in folgenden Fällen Anspruch auf gesetzlichen Mindestlohn?

a) Die 15-jährige Schülerin A möchte in der Kanzlei des X ihr einwöchiges Praktikum zur Berufsorientierung absolvieren, wozu sie als Schülerin des Gymnasiums G verpflichtet ist.

b) Der 19-jährige Abiturient B will in der Kanzlei des X von 1. Juli bis 31. August ein freiwilliges Praktikum zur Orientierung für ein beabsichtigtes juristisches Studium machen.

c) Abiturient B aus Fall b) wird von 1. Juli bis 31. August in der Kanzlei des X als Praktikant genommen, primär um einen urlaubsbedingten Personalengpass bei der Posteingangsbearbeitung bzw. bei der Ablage und Digitalisierung von Unterlagen abzudecken.

d) Jurastudentin D will in der Kanzlei X ihr von der Universität vorgeschriebenes einmonatiges Pflichtpraktikum im zivilrechtlichen Bereich absolvieren.

e) Jurastudentin D aus Fall d) will nach ihrem Pflichtpraktikum in der Kanzlei des X bei diesem noch ein freiwilliges studienbegleitendes Praktikum von drei Monaten anhängen.

Fall 40:

Im Betrieb des X wird der zu 50 % behinderte S für Buchhaltungstätigkeiten eingestellt. Im Arbeitsvertrag des S ist ein um 10 % niedrigeres Gehalt als in den Verträgen seiner Kollegen B und C vereinbart, obwohl diese dieselbe Tätigkeit wie S erledigen. X begründet dies mit den für den Betrieb hinzu kommenden Lasten aufgrund der für S geltenden Sonderansprüche wie z.B. Freistellung von Mehrarbeit nach § 124 SGB IX oder Zusatzurlaub nach § 125 SGB IX sowie sonstiger wegen S umzusetzender Schutzvorschriften. Ist die Vergütungsvereinbarung zwischen S und X wirksam?

Fall 41:

Die Arbeitsleistung der Rechtsanwaltsfachangestellten R in der Kanzlei des X hat sich in letzter Zeit erheblich verschlechtert. R arbeitet unsorgfältig, langsam und unmotiviert. Zuletzt hat R es am Freitagnachmittag versäumt, entgegen der Weisung des X einen fristgebundenen Schriftsatz nebst eidesstattlicher Versicherung im Original anlässlich eines Eilverfahrens rechtzeitig in den Nachtbriefkasten des Gerichts einzuwerfen. R hatte dies vergessen, weil sie beim Verlassen der Kanzlei nach einem Anruf ihres Freundes mit diesem kurzfristig zu einer Veranstaltung aufbrach. Den dadurch für den Mandanten entstandenen Schaden hat die Berufshaftpflichtversicherung des X bis auf den vereinbarten Selbstbehalt von 300 € übernommen.

a) X will die nächsten Monatsgehälter der R zu 50 % einbehalten mit dem Hinweis, dass die restliche Auszahlung zu 100 % erst erfolgt, wenn die Arbeitsleistung der R sich wieder auf 100 % gebessert hat. Ist dies zulässig?

b) Kann X die 300 € Selbstbehalt vom nächsten Gehalt der R im Wege der Verrechnung abziehen? Das monatliche Nettogehalt der R beträgt 2.000 €. R ist ledig und hat keine Kinder.

Fall 42:

Nachdem die aus dem vorausgegangenen Fall bekannte Rechtsanwaltsfachangestellte R mehrfach ohne Wissen des X sich der Kanzleibriefköpfe unter Verwendung des anwaltlichen Unterzeichnungs-Stempels für ihren privaten Schriftverkehr bedient hat, kündigt X die R durch wirksame fristlose Kündigung zum 21. September. R hat bereits ihr volles Gehalt für September erhalten.

a) Kann X das für den Zeitraum vom 22.–30. September geleistete Gehalt von R zurückverlangen?

b) Kann X von R die Erstattung der zur Suche der neuen Arbeitskraft für die bisherige Stelle der R angefallenen Inseratskosten verlangen?

Fall 43:

A ist als Vollzeitkraft mit einer 40-Stunden-Woche im Betrieb des X angestellt. Bei Umrechnung des Monatsgehalts des A ergibt sich ein Stundenlohn von 15,00 €. Auf Anweisung des X hat A in der letzten Woche vier Überstunden geleistet.

a) Welchen Vergütungsanspruch hat A gegen X, wenn im Arbeitsvertrag nichts zur Überstundenabgeltung geregelt ist?

b) Welchen Vergütungsanspruch hat A gegen X, wenn in den Arbeitsverträgen des Betriebs des X – so auch im Vertrag mit A – folgende Klausel enthalten ist: „Etwaige Über- und Mehrarbeit ist mit der monatlichen Grundvergütung abgegolten."?

c) Kann X eine von A verlangte Vergütung verweigern und A auf Freizeitausgleich verweisen, wenn im Arbeitsvertrag des A vereinbart ist: „Etwaige Über- und Mehrarbeit ist nach Wahl des Arbeitgebers durch Freizeit oder Geld auszugleichen."?

d) Kann X eine Abgeltung der vier Überstunden des A verweigern, wenn wie üblich im Betrieb des X bei Einstellung mündlich beweisbar vereinbart wurde: „Die ersten 10 Überstunden im Monat sind im Gehalt mit drin"?

e) Könnte A Vergütung seiner Überstunden verlangen, wenn A als leitender Angestellter mit einem Monatsgehalt von 7.500 € bei X angestellt wäre und in seinem Vertrag pauschal die Abgeltung sämtlicher etwaiger Überstunden mit dem Monatsgehalt vereinbart wäre?

Fall 44:

Hat Arbeitgeber X Anspruch auf Entgeltrückzahlung gegen A in folgendem Fall? Aufgrund eines Versehens der Lohnbuchhaltung des Betriebs des X wird dem A sein Monatsgehalt für Juni doppelt ausgezahlt. A verweigert die von X geltend gemachte Rückerstattung: Die Überzahlung sei nicht von ihm zu vertreten. Er habe auf den Behalt des Geldes und dessen Verwendung für seinen Lebensbedarf vertrauen dürfen.

b) Lohn ohne Arbeitsleistung

aa) Entgeltfortzahlungsgesetz und Mutterschutz

Fall 45:

A ist Auszubildende in der Nürnberger Kanzlei des X. Inwieweit hat A Anspruch auf Entgeltzahlung, wenn sie an folgenden Tagen unentschuldigt nicht zur Arbeit erschienen ist?

a) Nikolaus-Tag (6. Dezember)

b) Heilige Drei Könige (6. Januar)

c) Karfreitag

d) Gründonnerstag und Karfreitag

Fall 46:

A ist Rechtsanwaltsfachangestellte in der Kanzlei des Y in Berlin. A hat vom 23. September bis 14. Oktober Urlaub. Sie erscheint erst am 16. Oktober wieder zur Arbeit. Welche Entgeltansprüche hat A,

a) wenn A gegenüber Y ihr Fernbleiben am 15. Oktober damit erklärt, sie habe sich über den Tag der Beendigung ihres Urlaubs geirrt?

b) wenn A dem Y am 16. Oktober erklärt, sie habe am 15. Oktober Fieber gehabt?

Fall 47:

A vereinbart in seinem Arbeitsvertrag mit X folgende Regelungen:

a) „Sofern der Arbeitnehmer seiner Pflicht zur Vorlage von Arbeitsunfähigkeitsbescheinigungen nach dem 3. Tag der Arbeitsunfähigkeit nicht rechtzeitig nachkommt, gilt für diese Tage der nicht rechtzeitig nachgewiesenen Arbeitsunfähigkeit die Entgeltfortzahlungspflicht des Arbeitgebers als erloschen."

b) „Der Arbeitnehmer erhält in den ersten vier Wochen seines Arbeitsverhältnisses 80 % seiner üblichen Vergütung. Danach gilt die gesetzliche Entgeltfortzahlung."

Sind die Vertragsklauseln wirksam?

Fall 48:

Arbeitgeber X und A haben folgende Vertragsklausel vereinbart:

„Der Arbeitnehmer ist verpflichtet, dem Arbeitgeber nach dem zweiten Tag krankheitsbedingter Arbeitsunfähigkeit, eine ärztliche Bescheinigung über das Bestehen der Arbeitsunfähigkeit sowie deren voraussichtliche Dauer vorzulegen."

a) Ist die Vertragsklausel wirksam?
b) Kann X die Vorlage einer Arbeitsunfähigkeitsbescheinigung bereits nach dem ersten Tag der Arbeitsunfähigkeit verlangen?

Fall 49:

Die bei X seit drei Jahren angestellte A muss sich einer Magenoperation unterziehen und fällt nach anschließender Rehabilitation für fünf Wochen arbeitsunfähig aus. Für welchen Zeitraum hat A Anspruch auf Arbeitsentgelt gegenüber X,

a) wenn A aufgrund desselben Magenleidens nach drei Monaten erneut für weitere drei Wochen arbeitsunfähig wird?
b) wenn A sich während ihres Aufenthalts in der Reha-Klinik genau drei Wochen nach ihrer Magenoperation einen Beckenbruch zuzog, der seinerseits zu einer fünfwöchigen Arbeitsunfähigkeit führte?
c) wenn A nach ihrer Magenoperation nach fünf Monaten sowie nach weiteren zwei Monaten und nun nochmals nach fünf Monaten erneut für vier Wochen aufgrund ihres Magenleidens krankheitsbedingt arbeitsunfähig wird?
d) Inwieweit besteht für X ein Anspruch auf Erstattung durch die Krankenkasse, wenn in seinem Betrieb dreißig Arbeitnehmer sowie fünf Auszubildende beschäftigt sind?

Fall 50:

Hat in folgenden Fällen der seit sechs Wochen bei X angestellte A Anspruch auf Entgeltfortzahlung im Krankheitsfall?

a) A war auf dem Oktoberfest und wurde beim Verlassen des Bierzelts in eine bereits entstandene Schlägerei verstrickt, wodurch er eine Gehirnerschütterung erlitt.
b) A wurde bei einem Verkehrsunfall verletzt, den er aufgrund Telefonierens während der Autofahrt ohne Freisprechanlage verursacht hatte.
c) A brach sich das Handgelenk bei einem Trainingsspiel seines Handball-Clubs.
d) A wurde aus Anlass und während seiner für 4 Wochen angesetzten krankheitsbedingten Arbeitsunfähigkeit i.S.d. Fall c) von X wirksam während der Probezeit mit zweiwöchiger Frist gekündigt.

Fall 51:

Die seit zwei Jahren im Betrieb des X mit einem monatlichen Nettolohn von 1.200 €
beschäftigte Hilfskraft A ist vor 9 Wochen Mutter ihrer Tochter T geworden. T war eine
Woche vor dem vorausberechneten Entbindungstag zur Welt gekommen, eine Frühge-
burt als solche liegt nicht vor.). Gemäß ärztlichem Attest darf A aufgrund noch eingeschränkter Leistungsfähigkeit mindestens weitere zwei Wochen nicht zu den von ihr
geschuldeten Putz- und Hilfsarbeiten herangezogen werden. X hat für A keine zumutbare Ersatztätigkeit.

a) Welchen Entgeltanspruch hat A gegenüber X?

b) Kann X Erstattung von der Krankenkasse beanspruchen? Inwieweit ist es hierbei
   wichtig, wie viele Arbeitnehmer bei X beschäftigt sind?

Fall 52:

Wie wäre die Anspruchslage für die im vorausgegangenen Fall vorgestellten A und X
während der Mutterschutzfristen?

a) Wie ist das Mutterschaftsgeld der A zu berechnen bei Ansatz des 22. Januar als
   Entbindungstag?

b) Welchen Betrag muss Arbeitgeber X der A zuschießen?

c) Um welchen Betrag verändert sich die Höhe des Zuschusses, wenn A im November zusätzlich Anspruch auf Weihnachtsgeld in Höhe von 1.000 € netto hatte?

d) Hat X einen Erstattungsanspruch gegen die Krankenkasse?

bb) Annahmeverzug und Arbeitsverhinderung

Fall 53:

a) Muss A für den Tag ihrer Teilnahme am Begräbnis ihres Vaters einen Urlaubstag
   einsetzen, um ihren Anspruch auf Arbeitsentgelt für diesen Tag nicht zu verlieren?
   Vertraglich ist hierzu nichts geregelt.

b) A kommt am Dienstag wegen eines bei ihrer Ärztin Z wahrgenommenen Vorsorge-
   termins erst um 10 Uhr zur Arbeit. Die Arbeitszeiten der A sind Mo-Fr je von
   8 Uhr bis 13 Uhr. Die Sprechstunden der Z sind Mo-Fr von 9 Uhr bis 12 Uhr sowie Di, Do und Fr je von 15 Uhr bis 18 Uhr. Kann X das Entgelt der A an diesem
   Dienstag um den Lohnanteil für zwei Stunden kürzen?

Fall 54:

A hat mit X im Arbeitsvertrag folgende Klausel vereinbart:

„Im Fall der persönlichen Arbeitsverhinderung außer bei krankheitsbedingter Arbeitsunfähigkeit der Arbeitnehmer besteht grundsätzlich kein Anspruch auf Entgeltfortzahlung."

X ärgert sich über die von A zum Ende des nächsten Monats erklärte Kündigung. Er
will A nicht zu dem für sie wichtigen, wenn auch zwei Stunden ihrer Arbeitszeit kos-

tenden Vorstellungsgespräch gehen lassen, geschweige denn ihr hierfür auch noch Lohn bezahlen. Wie ist die Rechtslage?

Fall 55:

Arbeitnehmerin A ist allein erziehende Mutter der 7-jährigen Susi. Wie ärztlich attestiert benötigt die erkrankte Susi voraussichtlich für vier Tage die Betreuung durch ihre Mutter. Hat Arbeitgeber X die A für die vier Tage der Freistellung zur Kinderbetreuung weiter zu vergüten?

Fall 56:

a) Aufgrund eines Schlaganfalls ihres Vaters ist es nötig, dass Arbeitnehmerin A zunächst zum Organisieren des akuten Pflegebedarfs und der einstweiligen Versorgung ihres Vaters von ihrer Arbeitsstelle bei X zehn Arbeitstage fernbleibt. – Hat A gegenüber X Anspruch auf Entgelt während ihrer pflegebedingten Arbeitsverhinderung? Vertraglich ist hierzu nichts geregelt.

b) Bestünde für A ein Entgeltanspruch, wenn sich A gleich zur im Großbetrieb des X möglichen Inanspruchnahme einer 6-monatigen Pflegezeit entschlossen hätte?

Fall 57:

Im Betrieb des X kommt es zu folgenden Ausfällen. Inwieweit bestehen Vergütungsansprüche gegen X?

a) Arbeitnehmer A kommt am Montag zwei Stunden zu spät zur Arbeit, weil er wegen eines unverschuldeten Verkehrsunfalls aufgehalten wurde.

b) Arbeitnehmer B kommt am Dienstag eine Stunde zu spät zur Arbeit, weil wegen eines Oberleitungsschadens die S-Bahnen vorübergehend ausgefallen sind.

c) Auszubildende C war Zeugin bei einem Verkehrsunfall und ist als solche am Mittwoch zu einem Beweisaufnahmetermin vor Gericht geladen. C fällt daher für ca. eine Stunde bei X aus.

d) Im gesamten Betrieb des X kommt es am Donnerstag infolge eines Unwetters zu einer Betriebsstörung (Serverabsturz), die zu einer einstündigen Verspätung der Arbeitsaufnahme der zur Arbeit erschienenen Arbeitnehmer sowie Auszubildenden führt.

e) Auszubildende E hatte am Donnerstag verschlafen und kam daher ohnehin erst eine Stunde zu spät zur Arbeit.

Fall 58:

X hat letztes Jahr für zusätzlich anfallende Hilfsarbeiten in seinem Betrieb den A angestellt. A und X haben einen Arbeitsvertrag über eine geringfügige Beschäftigung mit einer monatlichen Vergütung von 450,00 € geschlossen. Wegen Auftragsmangels und entsprechend reduziertem Arbeitsaufkommen fielen im letzten Monat für A keine Zusatzarbeiten an. X hatte A daher im letzten Monat gesagt, dass er ihn vorerst nicht brauche, A also vorerst nicht kommen müsse. – Kann A Entgelt für den letzten Monat beanspruchen? X wendet ein, dass er nichts dafür kann, wenn er keine Arbeit für A habe, sowie das ohnehin nur geleistete Arbeitsstunden bei einem 450-€-Job abzurechnen seien.

Fall 59:

A ist von Arbeitgeber X durch offensichtlich unwirksame fristlose Kündigung am 14. zum 15. Mai gekündigt. Die von X darüber hinaus hilfsweise erklärte ordentliche Kündigung zum Ende Juni ist wirksam. A hat Kündigungsschutzklage erhoben. A hat seit ihrem „Rauswurf" bei X nicht mehr gearbeitet und keinen Kontakt mehr zu X gehabt. Hat A gegen X Anspruch auf Arbeitsentgelt für die Zeit vom 15. Mai bis Ende Juni,

a) wenn A sich sogleich am 16. Mai arbeitslos gemeldet hat, jedoch keinen anderweitigen Erwerb bisher erlangen konnte?

b) wenn A im Zeitpunkt der Kündigungserklärung, wie zuletzt mit AU-Folgebescheinigung bis 22. Mai dem X angezeigt, seit Anfang Mai arbeitsunfähig krank war und ab 23. Mai wieder arbeitsfähig gewesen wäre? Dies hat A dem X nicht mitgeteilt.

cc) Erholungsurlaub

Fall 60:

Die volljährige A schließt mit X einen Arbeitsvertrag für ein unbefristetes Arbeitsverhältnis als Rechtsanwaltsfachangestelle mit einer 5-Tage-Woche. Der Urlaub soll sich nach den gesetzlichen Bestimmungen richten.

a) Wie viele Urlaubstage kann A im Eintrittsjahr beanspruchen, wenn das Arbeitsverhältnis am 1. April beginnt?

b) Wie viele Urlaubstage kann A im Eintrittsjahr beanspruchen, wenn das Arbeitsverhältnis am 1. September beginnt?

c) Welche Möglichkeit hat A im Fall b) im Hinblick auf ihren Urlaub im Folgejahr?

Fall 61:

A schließt mit Arbeitgeber X einen Vertrag über ein Arbeitsverhältnis bei einer Fünf-Tage-Woche. Sind die folgenden Vertragsklauseln wirksam?

a) „Der Arbeitnehmer erhält jährlich 22 Arbeitstage Urlaub."

b) „Während des Urlaubs erhält der Arbeitnehmer 90 % seiner üblichen Bezüge."

c) „Im Fall einer durch das Verhalten des Arbeitnehmers veranlassten außerordentlichen Kündigung ist gegebenenfalls noch nicht wahrgenommener restlicher Jahresurlaub nicht abzugelten."

Fall 62:

Zehn Tage nach ihrem 16. Geburtstag wird N am 1. März bei X als Auszubildende eingestellt. Für das Ausbildungsverhältnis der N gilt die Fünf-Tage-Woche sowie der gesetzliche Mindesturlaub. Im Jahr ihrer Anstellung konnte N lediglich achtzehn Tage Urlaub nehmen. Wie viele Tage Resturlaub bleiben N aus dem Jahr ihrer Einstellung zu übertragen?

Fall 63:

A wird am 31. März ihre zweijährige Elternzeit beenden. Vor ihrer Elternzeit hatte A einen Resturlaubsanspruch von drei Tagen. Für das Arbeitsverhältnis der A gilt eine Drei-Tage-Woche sowie der gesetzliche Mindesturlaub.

a) Wie viele zu übertragende Urlaubstage bis zu welchem Zeitpunkt müsste Arbeitgeber X der A gewähren, wenn A in ihrer Elternzeit keinerlei Teilzeit geleistet hatte und aus dringenden betrieblichen Gründen in diesem Jahr nur sechs Tage Urlaub nehmen kann? Kann X den Urlaubsanspruch reduzieren?

b) Ändert sich etwas an der Antwort zu a), wenn A bei einem anderen Arbeitgeber als X während ihrer Elternzeit Teilzeitarbeit geleistet hat?

Fall 64:

Inwieweit besteht für Arbeitnehmer A Anspruch auf Abgeltung von Resturlaub,

a) wenn das langjährige Arbeitsverhältnis des A zum 31. Mai beendet wurde, A noch 3 Tage unverbrauchten Resturlaub aus dem Vorjahr hätte und in diesem Jahr trotz Arbeits- bzw. Urlaubsfähigkeit des A noch keinen Urlaub genommen hat?

b) wenn das langjährige Arbeitsverhältnis des A zum 31. Mai beendet wurde und A aufgrund seit November letzten Jahres anhaltender krankheitsbedingter Arbeitsunfähigkeit keinen Urlaub mehr nehmen konnte? A hatte im letzten Jahr 6/12tel seines Urlaubs verbraucht. A wäre auch nach seinem Ausscheiden am 31. Mai krankheitsbedingt arbeitsunfähig.

Fall 65:

Die bei X seit zwei Jahren für die Tage Montag, Mittwoch und Freitag angestellte S ist zu 50 % schwer behindert. In diesem Jahr hat S zehn Urlaubstage genommen, von denen sie die letzten drei Tage durch ärztliches Zeugnis nachgewiesen arbeitsunfähig erkrankt war. Berechnen Sie den gesetzlichen Resturlaub der S für dieses Jahr.

Fall 66:

A hat am 1. Juli des letzten Jahres mit X einen unbefristeten Arbeitsvertrag geschlossen. Gemäß Arbeitsvertrag ist ein Jahresurlaub von dreißig Arbeitstagen vereinbart.

a) Auf wie viele Tage Urlaub hatte A im Jahr ihrer Einstellung Anspruch?

b) Wie viele Tage Urlaub kann A im März des auf ihre Einstellung folgenden Jahres beanspruchen?

c) Kann X, wenn das Arbeitsverhältnis der A im Mai durch außerordentliche Kündigung vorzeitig endet, das im Zuge des bereits im März voll gewährten Jahresurlaubs anteilig überzahlte Urlaubsentgelt mit dem Lohnanspruch der A verrechnen?

Fall 67:

A ist seit zwei Jahren in der Kanzlei des X angestellt. Im Arbeitsvertrag ist vereinbart:

Drei-Tage-Woche, Jahresurlaub zwanzig Arbeitstage, Bruttomonatsgehalt 1.300 €.

a) A und X lösen das Arbeitsverhältnis durch Aufhebungsvertrag zum 30. Juni auf. Welcher Urlaubsanspruch ist im Jahr der Beendigung des Arbeitsverhältnisses für A entstanden?

b) Das Arbeitsverhältnis zwischen X und A endet durch wirksame fristlose Kündigung am 1. Juli, da X die A am selben Tag beim Diebstahl in den Büroräumen ertappt hat. A hatte in diesem Jahr acht Tage Urlaub genommen. In welcher Höhe kann A von X Urlaubsabgeltung beanspruchen?

Fall 68:

A hat sein seit fünf Jahren bestehendes Arbeitsverhältnis bei X zum 31. August beendet. Ab 1. Oktober ist A bei Y in ein neues unbefristetes Arbeitsverhältnis eingetreten. Es gilt jeweils die Fünf-Tage-Woche sowie der gesetzliche Mindesturlaub. A hatte von X für dieses Jahr Urlaub bzw. eine entsprechende Urlaubsbescheinigung über 8/12tel seines Jahresurlaubs erhalten.

a) Wieviel Urlaub kann A von Y für dieses Jahr beanspruchen?

b) Kann Y den A auf eine Klage gegen X verweisen?

3. Sonstige Pflichten des Arbeitgebers

Fall 69:

X hat das seit drei Jahren bestehende Arbeitsverhältnis seiner Rechtsanwaltsfachangestellten R durch ordentliche Kündigung zum Ende September beendet. R wurde für nächsten Dienstag von Y zu einem Vorstellungsgespräch in seine Kanzlei nach Augsburg eingeladen, ohne dass Y auf weitere Konditionen hingewiesen hatte. Hierzu müsste R ihre Arbeit in der Münchner Kanzlei des X am Dienstag um zwei Stunden früher beenden.

a) Muss R bei X Urlaub beantragen, um ihren Vorstellungstermin wahrnehmen zu können?

b) Kann R von Y die Erstattung ihrer Fahrtkosten von München nach Augsburg verlangen?

Fall 70:

Das zum Ende September gekündigte Arbeitsverhältnis der aus dem vorausgegangenen Fall bekannten R wird abgewickelt. Wichtig ist R außer dem Erhalt ihres Restlohns auch die baldige Übersendung eines guten Zeugnisses.

a) R geht davon aus, dass X ihr das qualifizierte Arbeitszeugnis spätestens mit der letzten Lohnabrechnung zuschickt, ohne dass es einer gesonderten Aufforderung der R insoweit bedarf. Ist X hierzu verpflichtet?

b) Nachdem X auf Verlangen der R das qualifizierte Zeugnis übersandt hat, ist R über dessen Inhalt empört und verlangt Berichtigung zu folgenden Punkten: X soll die Angabe der zehn Abwesenheitstage der R aufgrund Krankheit im letzten Jahr herausnehmen sowie die fehlende Schlussformel hinsichtlich Dank, Bedauern und

Zukunftswunsch in das Zeugnis aufnehmen. – Ist X zu der von R begehrten Zeugnisberichtigung verpflichtet?

c) Hat R Anspruch auf Rückdatierung des zwei Wochen nach Ende des Arbeitsverhältnisses geforderten Zeugnisses auf das Ausstellungsdatum des 30. September?

d) Reicht es aus, wenn X das Arbeitszeugnis der R per E-Mail übersendet?

Fall 71:

R arbeitet seit 10 Jahren in der Kanzlei des X als Rechtsanwaltsfachangestellte. R ist Mutter geworden und wird im Anschluss an die Mutterschutzfrist für 2 Jahre Elternzeit in Anspruch nehmen. R bittet X um ein Zwischenzeugnis. X lehnt dies ab, da R hierauf keinen Anspruch habe. Hat X Recht?

Fall 72:

Im Betrieb des X werden zwei Auszubildende beschäftigt: seit einem Jahr die zur Zeit 17-jährige A sowie ab nächstem Monat auch die volljährige B. Ansonsten beschäftigt X sechs volljährige Arbeitnehmer: drei weibliche und drei männliche Angestellte.

a) Welche ärztlichen Bescheinigungen muss sich X von A und B vorlegen lassen?

b) Kann X bei der betriebsinternen Feier anlässlich seines 50. Geburtstags auch seinen Auszubildenden ein Glas Sekt anbieten?

c) Muss X seine Auszubildenden zur Teilnahme am Berufsschulunterricht freistellen und trotzdem für diese Tage Vergütung bezahlen?

d) Welche Angaben muss das bei Beendigung der Ausbildung der A von X auszustellende Zeugnis auch ohne vorausgegangenes Verlangen der A enthalten?

Fall 73:

a) Wie ist mit Bewerberdaten nach negativ entschiedener Stellenbesetzung umzugehen?

b) Darf der Arbeitgeber Stammdaten seiner Arbeitnehmer wie z.B. Geschlecht, Familienstand, Ausbildung verarbeiten?

Fall 74:

Rechtsanwaltsfachangestellte R ist dunkler Hautfarbe. Nach den ersten Monaten ihrer Beschäftigung in der Kanzlei des X fühlt sich R gemobbt:

Wenn R den Raum betritt, beklagen sich ihre Mitarbeiter über „schlechte Luft" und öffnen die Fenster. Gespräche werden in Anwesenheit der R abgebrochen. Der Gruß der R wird nicht erwidert. Bei der internen Arbeitsverteilung im Sekretariat werden Anweisungen an R unzureichend weitergegeben, so dass dies negativ auf die vom Arbeitgeber wahrgenommene Arbeitsleistung der R zurückfällt.

R bittet X, Maßnahmen zur Unterbindung des Mobbings zu ergreifen.

X leitet keine Maßnahmen ein mit folgender Begründung: Er gehe davon aus, dass die Probleme zwischen den Kollegen und R unabhängig von ihrer Hautfarbe im persönlichen Bereich liegen und daher keine Diskriminierung i.S.d. AGG vorliege. Außerhalb des AGG habe er weder Berechtigung noch Verpflichtung etwas zu unternehmen. – Hat X Recht?

Fall 75:

A hatte sich im Großbetrieb des X für die ausgeschriebene Stelle als Bereichsleiterin der Projektabteilung beworben. Im Einstellungsprofil war u.a. vorausgesetzt:

- Studienabschluss mit Mindestnote gut
- Berufserfahrung von mindestens fünf Jahren und höchstens zwanzig Jahren

Aufgrund ihrer sehr guten Examensnote sowie fünfjährigen Berufserfahrung wurde A zu einem Vorstellungsgespräch eingeladen. Im Laufe des Gesprächs hatte X die A nach ihrem Kinderwunsch gefragt sowie ausgeführt, dass die Führung der Mitarbeiter eine „starke Hand" erfordere. Nach dem Vorstellungsgespräch hat A zufällig auf dem Gang gehört, dass X gegenüber seinem Assistenten Y erklärt hat, dass eine Frau für die leitende Stelle für X wohl ohnehin nicht in Frage komme. Eine Woche später, am 10. Mai, erhielt A eine Ablehnung unter neutralem Verweis auf eine anderweitige Stellenbesetzung.

a) War die Stellenausschreibung rechtmäßig?
b) Bis wann muss A den Entschädigungsanspruch gegenüber X geltend gemacht haben?

Fall 76:

Im Prozess der A gegen X auf Entschädigungszahlung im vorausgegangenen Fall hat Assistent Y als benannter Zeuge bzgl. der Äußerungen des X wahrheitsgemäß ausgesagt. Der hierüber verärgerte X zahlt deshalb in diesem Jahr an Y als einzigem seiner Angestellten kein Weihnachtsgeld mit dem Hinweis, dass er Weihnachtsgeld ohnehin stets unter dem Vorbehalt der Freiwilligkeit an seine Belegschaft auszahle und von zu honorierender „Betriebstreue" bei Y in Anbetracht seiner Aussage heuer nicht die Rede sein könne. – Hat Y einen Anspruch gegen X auf Zahlung des Weihnachtsgelds?

Fall 77:

A ist in der Firma X im Außendienst angestellt. Auf einer seiner Dienstfahrten im Außendienst hat A einen Autounfall. Hierbei entsteht ein Schaden des von A gefahrenen Kraftfahrzeugs in Höhe von ca. 1.500 €.

a) A hat den Unfall wegen Übersehens eines Verkehrsschildes (mittlere Fahrlässigkeit) verschuldet. Die Firma des X hat jedoch keine Vollkaskoversicherung für ihr Fahrzeug abgeschlossen. Der Selbstbehalt der Kaskoversicherung hätte 500 € betragen. – Inwieweit kann die Firma X von A Schadensersatz beanspruchen?
b) A hatte mit Billigung seines Arbeitgebers ohne Sondervergütung hierfür sein privates KFZ für die Dienstfahrt eingesetzt. Der Unfall war aufgrund eines Fahrzeugdefektes von A unverschuldet entstanden. Nach Zahlung seiner Versicherung verblieb A ein Restschaden in Höhe des Selbstbehalts von 500 €. – Kann A insoweit Schadensersatz von der Firma X verlangen?

Fall 78:

In der seit zwölf Jahren nicht mehr renovierten Kanzlei des X hat sich eine Eisenverstrebung des Aktenregals an der Wand neben dem Arbeitsplatz der Rechtsanwaltsfachangestellten R gelöst und steht ca. 10 Zentimeter messerscharf hervor. Hierauf hatte R den X bereits vor zwei Wochen aufmerksam gemacht. X wollte demnächst einen Handwerker zum Abschleifen kommen lassen, was er aber wieder vergessen hatte. An diesem Freitag streift R unglücklich an die Wand, als sie eine Akte aus dem Regal holen will. R erleidet eine tiefe Schnittwunde.

a) Kann R von X Schadensersatz wegen ihrer Verletzung verlangen?
b) Kann X auf Vornahme der Beseitigung der Gefahr an der Wand verklagt werden?

Fall 79:

Auf der gemeinsamen Fahrt von X und seinem Angestellten A von der Kanzlei des X aus zu einem Auswärtstermin verursacht X fahrlässig einen Autounfall, bei dem A leicht verletzt wird. – Kann A von X Schadensersatz bzw. Schmerzensgeld fordern?

III. Beendigung des Arbeitsverhältnisses

1. Fälle außerhalb des Kündigungsschutzgesetzes

Für die folgenden zehn Übungsfälle ist ohne gesonderte Prüfung davon auszugehen, dass für die Lösung das KSchG nicht relevant bzw. nicht anwendbar ist.

Fall 80:

Die 29-jährige A ist seit sieben Jahren bei X in einem unbefristeten Arbeitsverhältnis angestellt.

a) X übergibt A im September eine schriftliche Kündigung zum 31. Oktober. – Ist die Kündigung wirksam?

b) Könnte A mit einer Kündigung im September zum 31. Oktober kündigen? Wann müsste die Kündigungserklärung der A spätestens dem X zugegangen sein?

c) Wäre die Kündigung der A wirksam, wenn sie die Kündigungserklärung per E-Mail an X gesandt hätte?

Fall 81:

Sind folgende Kündigungen des X gegenüber dem in seiner Kanzlei beschäftigten Auszubildenden N wirksam?

a) X übergibt N (18 Jahre alt) nach zwanzig Tagen des Ausbildungsverhältnisses eine schriftliche Kündigung zum Ende der nächsten Woche.

b) Wie ist a) zu beantworten, wenn X sich an der ihm mittlerweile bekannt gewordenen Homosexualität des N stört und ihn deshalb kündigt?

c) Wie ist a) zu beantworten, wenn N bei Übergabe der Kündigung 17 Jahre alt ist?

d) X übergibt an den 18-jährigen N nach fünf Monaten seines Ausbildungsverhältnisses eine ordentliche Kündigung.

Fall 82:

Arbeitgeber X und Angestellte A wollen das seit zweieinhalb Jahren bestehende Arbeitsverhältnis zum Ende des April einvernehmlich beenden. Ist ihre Aufhebungsvereinbarung wirksam,

a) wenn X der A mit Schreiben vom 1. April die Aufhebung ihres Arbeitsverhältnisses zum Ende des Monats anbietet und A dieses Angebot eine Woche später mit einem Antwortschreiben an X annimmt?

b) wenn A und X am 1. April einen Aufhebungsvertrag zum Monatsende unterzeichnen, wobei X die A nicht auf sozialversicherungsrechtliche Folgen hinweist?

c) wenn der Aufhebungsvertrag aus b) ein vertragsgemäß bis zum Ende des Jahres befristetes Arbeitsverhältnis der A betrifft?

d) wenn A eine Woche vor Abschluss des Aufhebungsvertrags aus b) dem X mitgeteilt hat, dass sie schwanger ist?

Fall 83:

A ist seit zwei Jahren in der Kanzlei des X als Rechtsanwältin angestellt. Entgegen arbeitsvertraglichem Wettbewerbsverbot bzw. Erlaubnisvorbehalt für Nebentätigkeiten hat A im letzten halben Jahr wiederholt für Mandanten des X als eigenständige Rechtsanwältin Fälle auf eigene Rechnung bearbeitet. Als X dies am 1. April erfährt, übergibt er A noch am selben Tag eine fristlose Kündigung. Ist die Kündigung wirksam, wenn A seit Februar schwanger ist und

a) dies durch ihren Ehemann am 12. April X mitteilen lässt?

b) dies dem X am 17. April mitteilt, wobei X am 25. März von der Schwangerschaft der A durch deren Kollegin K zufällig erfahren hatte?

c) dies dem X am 17. April mitteilt, wobei X am 12. April zufällig ein Gespräch zwischen den Kollegen K und S über die Schwangerschaft der A gehört hat?

Fall 84:

Die seit 4 Jahren bei X beschäftigte A ist zu 50 % behindert. Dies ist dem X bekannt. Wie nun herausgekommen und nachgewiesen hat A über längere Zeit Geschäftsgeheimnisse des X an das Konkurrenzunternehmen K verraten und hierfür von K Geld erhalten. Einen Tag nach Kenntnis über die Vorkommnisse übergibt X der A die fristlose Kündigung und beantragt beim Integrationsamt die angesichts des offensichtlich groben Verstoßes die mit Sicherheit zu erwartende Zustimmung hierzu. Eine Woche später erteilt das Integrationsamt die Zustimmung.

a) Ist die fristlose Kündigung wirksam?

b) Könnte X die fristlose Kündigung wirksam erklären, nachdem ihm auf seine telefonische Nachfrage hin 10 Tage nach seinem Zustimmungsantrag vom Integrationsamt erklärt wird, dass die Zustimmung erteilt und eine entsprechende Mitteilung an X versandt wird? Die schriftliche Zustimmungsmitteilung ist dem X noch nicht zugegangen.

c) Würde sich an der Antwort zu b) etwas ändern, wenn X auf seine Nachfrage 2 Wochen nach seinem Zustimmungsantrag vom Integrationsamt erfährt, dass noch keine Entscheidung getroffen bzw. versandt worden sei?

d) Würde sich an dem Erfordernis der Zustimmung des Integrationsamts etwas ändern, wenn X erst zwei Wochen nach der Kündigungserklärung von der Schwerbehinderung des A durch diesen erfahren hätte?

Fall 85:

Wären folgende Kündigungen wirksam?

a) A ist seit 2 Jahren bei X angestellt. Kann X der A ordentlich kündigen, weil A durch ein anwaltliches Schreiben die Einhaltung der im Betrieb des X ständig überschrittenen gesetzlichen Arbeitszeitgrenzen geltend gemacht hat und hierdurch eine gedeihliche Arbeitsatmosphäre zwischen ihr und dem verärgerten X zerstört habe?

b) X hat seine Patentanwaltskanzlei zum Anfang nächsten Jahres auf den Kollegen Y übertragen. Y wird in den bisherigen Kanzleiräumen des X unter Weiternutzung dessen technischer Betriebsmittel, des Inventars, dessen Mandantenstamms sowie bei Übernahme sämtlicher bisher bei X tätiger Patentanwälte eine seinerseits patentrechtlich orientierte Kanzlei weiterbetreiben. Allerdings will Y die ihm aus seiner bisherigen Tätigkeit vertraute Rechtsanwaltsfachangestellte R mitnehmen. So ist X veranlasst, deshalb seiner eigenen Rechtsanwaltsfachangestellten A unter Einhaltung der ordentlichen Kündigungsfrist zum 31.12. zu kündigen.

c) In der Kanzlei des X haben regelmäßig mindestens zehn Personen mit der Verarbeitung von personenbezogenen Daten zu tun. A ist dort als Datenschutzbeauftragter bestellt. X erklärt A angesichts sich verschlechternder Arbeitsleistung sowie trotz Abmahnung nochmaliger Unpünktlichkeit des A die ordentliche Kündigung.

Fall 86:

Die seit eineinhalb Jahren bei X beschäftigte A wird von X dabei überrascht, als sie 100 € aus der Kanzleikasse stiehlt. X übergibt der A am folgenden Tag eine fristlose Kündigung mit dem Zusatz: „Der Grund für die Kündigung ist Ihnen bekannt." Ist die Kündigung wirksam?

a) wenn A Auszubildende des X ist?

b) wenn A bei X als Rechtsanwaltsfachangestellte beschäftigt ist?

c) wenn Rechtsanwaltsfachangestellte A vor einem Jahr in Elternzeit gegangen ist und währenddessen bei ihrem Arbeitgeber X für zwanzig Wochenstunden in Teilzeit tätig ist?

Fall 87:

X stellt für die Zeit einer dreimonatigen Umbauphase seines Betriebs H als Hilfskraft ein. Ein schriftlicher Vertrag wird hierzu nicht eigens geschlossen. H raucht entgegen des im Betrieb geltenden Rauchverbots sowie entgegen der wiederholten Hinweise hierauf durch seine passiv mitrauchenden Kollegen während der Arbeitszeit ständig Zigaretten. Nachdem X ein Monat nach der Einstellung des H eine heftige Beschwerde der betroffenen Mitarbeiter erreicht hat, übergibt X dem H eine fristlose Kündigung. Diese ist hilfsweise auch als ordentliche Kündigung zum nächstmöglichen Termin erklärt.

a) Ist die fristlose Kündigung wirksam?

b) Ändert sich die Lösung zu a), wenn X bereits letzte Woche H mit den Worten „Sie haben sich an das Rauchverbot unseres Betriebs zu halten und nicht ihre Mitarbeiter durch Ihre Kettenraucherei zu gefährden. Wenn das so weitergeht, kündige ich Sie" ermahnt hatte?

c) Ändert sich die Lösung zu b), wenn H als ausländische Hilfskraft die Ermahnung des X sprachlich nicht verstanden hat?

d) Wäre die hilfsweise erklärte ordentliche Kündigung wirksam?

e) Mit welcher Kündigungsfrist würde die ordentliche Kündigung das Arbeitsverhältnis beenden?

Fall 88:

Die seit einem Jahr bei X beschäftigte A hat seit ca. einem halben Jahr mehrfach kleinere Beträge aus der Kasse der Kanzlei des X sowie aus Taschen von Mitarbeitern entwendet. Am 3. Mai wird ein erneuter Kassenfehlbestand von 30 € sowie am 10. Mai von 45 € entdeckt. Aufgrund einer am 12. Mai abgeschlossenen systematischen Auswertung von Kassenbuchführungs-, Urlaubs- bzw. Anwesenheitslisten der letzten Monate verdichtet sich der Tatverdacht auf A.

a) Was muss X zunächst tun, wenn er A fristlos kündigen will?

b) Bis wann läuft die Erklärungsfrist für die von X beabsichtigte außerordentliche Kündigung, wenn X am 13. Mai A zur Sache befragt hat und A sich auf pauschales Bestreiten der erdrückenden Verdachtsmomente beschränkt hat?

c) Bis wann würde die Erklärungsfrist für die außerordentliche Kündigung der A laufen, wenn A Auszubildende des X wäre?

Fall 89:

A ist seit einem Jahr im Großbetrieb des X angestellt. Nachdem X am 2. März erfahren hat, dass A Betriebsgeheimnisse an das Konkurrenzunternehmen K weitergegeben hat, soll A fristlos gekündigt werden. Im Betrieb des X besteht ein Betriebsrat. X unterrichtet am 3. März den Betriebsratsvorsitzenden V von den Kündigungsgründen und den Personaldaten des außerordentlich zu kündigenden A. Am 4. März übergibt X dem A die fristlose Kündigung. Am 5. März erhält X die Erklärung des Betriebsrats, dass dieser keine Bedenken gegen die Kündigung habe.

a) Ist die außerordentliche Kündigung des A wirksam?

b) Ändert sich an der Lösung zu a) etwas, wenn der Betriebsratsvorsitzende bereits bei Übergabe der Sozialdaten am 3. März dem X mündlich erklärt, dass der Betriebsrat sicher keinerlei Bedenken gegen die Kündigung des A hat, und sodann keine schriftliche Erklärung des Betriebsrats mehr folgt?

Fall 90:

Arbeitgeber A will Arbeitnehmer A ordentlich kündigen. Im Betrieb des X besteht ein Betriebsrat. X teilt dem Betriebsratsvorsitzenden den Kündigungsgrund und -termin mit sowie die Sozialdaten des A.

a) Welche Frist muss X abwarten, bevor er die Kündigung erklären kann?

b) Könnte X die Kündigung erklären, wenn der Betriebsrat 5 Tage nach dessen Unterrichtung der Kündigung aufgrund von ihm angenommener zumutbarer anderweitiger Weiterbeschäftigungsmöglichkeit der Kündigung schriftlich widersprochen hat? (Die Begründetheit der Kündigung als solche sei hier nicht Prüfungsgegenstand.)

c) Welchen Anspruch hat A im Fall b), wenn er Kündigungsschutzklage erhoben hat?

Fall 91:

Arbeitnehmerin A ist seit zwei Monaten bei X angestellt. Im Betrieb des X sind insgesamt 15 Arbeitnehmer sowie seit zwei Jahren auch der freie Mitarbeiter F beschäftigt. F verdient bei X mehr als die Hälfte seines Gesamterwerbs. Die Vergütung des F ist nach Monaten bemessen. Für alle Mitarbeiter des X gelten die gesetzlichen Kündigungsfristen.

a) A kündigt X an, dass sie in 2 Monaten die bisher von ihrer Schwester S wahrgenommene Pflege ihres pflegebedürftigen Vaters für 6 Monate übernehmen werde, da die sechsmonatige Pflegezeit der S sodann ausgelaufen sei. – Was bedeutet dies für die ordentliche Kündbarkeit der A?

b) Unter welcher Maßgabe könnte X die A kündigen, wenn diese statt der Inanspruchnahme von Pflegezeit dem X schriftlich angekündigt hat, dass sie in 13 Wochen Elternzeit nehmen werde, um den aufgesparten Teil eines Jahres Elternzeit im ersten Grundschuljahr ihrer bald 6-jährigen Tochter einzubringen?

2. Fälle zum Kündigungsschutzgesetz

Fall 92:

A ist seit 1. April im Betrieb des X als Sekretärin angestellt. Im Arbeitsvertrag ist eine dreimonatige Probezeit vereinbart. Es gelten die gesetzlichen Kündigungsfristen. Der Betrieb des X beschäftigt 22 Angestellte. Da X bald von der Wesensart der A genervt ist, will er sich wieder von ihr trennen. Kann X der A wirksam kündigen

a) am 5. Mai zum 31. Mai?

b) am 6. August zum 20. August?

c) am 30. September zum 31. Oktober?

d) am 2. Oktober zum 31. Oktober?

Fall 93:

A ist seit zwei Jahren in der Kanzlei des X mit ca. zwanzig Arbeitnehmern als Rechtsanwaltsfachangestellte beschäftigt. In den letzten Wochen kam A bereits zweimal ca. zehn Minuten unentschuldigt zu spät zur Arbeit. Im Februar hat A sich mehrfach über die Arbeitsanweisung hinweggesetzt, eingehende Post im DMS-System am selben Tag zu dokumentieren. Am 20. Februar übergibt X der A folgendes Schreiben: „Sie haben den Posteingang vom 10. und 17. Februar weisungswidrig erst am folgenden Tag im DMS-System dokumentiert. Sie haben sich an den weisungsgemäßen Arbeitsablauf zu halten. Sollten Sie hiergegen erneut verstoßen, haben Sie mit einer Kündigung zu rechnen." Am 27. Februar kommt A erneut zu spät zur Arbeit. Daraufhin übergibt X der A am 28. Februar eine ordentliche Kündigung.

a) Hätte eine Kündigungsschutzklage der A Aussicht auf Erfolg?

b) Hätte eine Kündigungsschutzklage der A Aussicht auf Erfolg, wenn A am 27. Februar die Dokumentation des Posteingangs im DMS-System erneut unterlassen hätte?

c) Ändert sich an der Lösung zu b) etwas, wenn X die Ermahnung vom 20. Februar nur mündlich gegenüber Y erklärt hätte?

Fall 94:

In der Kanzlei des X arbeiten außer der seit 1.9.2003 bei X als Vollzeitkraft angestellten Rechtsanwältin A folgende Personen:

- RA-Fachangestellter Mach (Vollzeit; seit 2003 angestellt).
- RA-Fachangestellte Schnell (25 Wochenstunden; seit 1.5.2015 angestellt).
- Bürohilfskraft Bunt (30 Wochenstunden; seit 2003 angestellt).
- zwei Auszubildende (seit 1.9.2016 und 1.9.2017).
- Stationsreferendar Reff (seit 1.3.2018).
- die als Anwältin mit 25 Wochenstunden seit 2002 angestellte Ehefrau des X.
- dienstvertraglich als freie Mitarbeiter angestellt: Rechtsanwalt Schall (seit 2003) und Rechtsanwalt Rauch (seit 2014) mit je ca. 40 Wochenstunden.
- Rechtsfachwirtin Stark (35 Wochenstunden; seit 2003 angestellt)
- Putzfrau Scheuer (6 Wochenstunden; seit 2012 angestellt)
- Frau Flott als befristet eingestellte Vertretung für die einjährige Elternzeit der bei X für 30 Wochenstunden seit 2015 angestellten Hilfskraft Gutmeier.

A hat wie auch ihre Kollegen Schall und Rauch von Montag bis Freitag spätestens um 9 Uhr in der Kanzlei zur Arbeit zu erscheinen und die von X zugeteilten Fälle zu bearbeiten bzw. für X Gerichtstermine wahrzunehmen. Die krankheitsbedingt für eine Woche ausfallende A ist wie bereits vor drei Monaten erneut ihrer Pflicht zur Anzeige und Bescheinigung ihrer Arbeitsunfähigkeit erst verspätet nachgekommen. Dies beanstandet X gegenüber A mit den Worten „Auch kranke Anwälte haben das gleich mitzuteilen und eine Arbeitsunfähigkeitsbescheinigung zu bringen. Da gibt's keine Sonderbehandlung!" Als A nach einem Monat erneut ohne rechtzeitige Anzeige und Arbeitsunfähigkeitsbescheinigung krankheitsbedingt ausfällt, übergibt X der A eine ordentliche Kündigung.

a) Hätte eine Kündigungsschutzklage der A Aussicht auf Erfolg?
b) Wie wäre die Erfolgsaussicht der Kündigungsschutzklage, wenn bei X keine anderen Anwälte außer A und der Ehefrau des X tätig wären?
c) Wäre in Fall b eine fristlose Kündigung wirksam?

Fall 95:

A ist seit Anfang 2016 im Betrieb des X angestellt, in dem einschließlich A insgesamt zehn Vollzeitarbeitskräfte beschäftigt sind. Darüber hinaus lässt X sonstige Hilfsarbeiten einmal pro Woche von einem von einer Zeitarbeitsfirma gestellten Leiharbeitnehmer abarbeiten. X ist wie auch manche Mitarbeiter von der arroganten Art des A mehr und mehr genervt und übergibt daher A eine fristgerechte ordentliche Kündigungserklärung. – Hätte eine Kündigungsschutzklage des A Aussicht auf Erfolg?

Fall 96:

A (geb. 30.9.1969, kein Kind) ist seit 1.1.2012 in der Kanzlei des X mit insgesamt zwölf Mitarbeitern als Rechtsanwältin angestellt. Außer A sind der seit 1.7.2012 eingestellte B (geb. 20.12.1961, drei minderjährige Kinder) und der seit 15.5.2007 eingestellte C (geb. 25.11.1969, kein Kind) bei X als Rechtsanwälte beschäftigt. A wurde von X bisher ausschließlich für Verkehrs- und Strafsachen eingesetzt. Seit dem letzten Jahr sind die Mandate im Bereich Verkehrs- und Strafrecht erheblich zurückgegangen bei gleichzeitig gestiegener Auftragsfülle im Baurecht. X will hierfür den Baurechts-spezialisten Rechtsanwalt Maurer einstellen. A erhält von X daher eine ordentliche Kündigung.

a) Hätte eine Kündigungsschutzklage der A Aussicht auf Erfolg?

b) Ändert sich an der Lösung zu a) etwas, wenn aufgrund umfassenden Auftragsrück-gangs X nur noch zwei der bei ihm angestellten Rechtsanwälte auslasten bzw. ver-güten kann?

Fall 97:

Im Betrieb des X mit ca. 30 Arbeitnehmern ist die private Nutzung der zur Verfügung gestellten Internetanschlüsse verboten. Dennoch hat der seit fünf Jahren bei X ange-stellte A in letzter Zeit immer wieder, wenngleich je nur minutenweise, während sei-ner Arbeitszeit das Internet des X zu privaten Zwecken genutzt. Vor zwei Monaten hat A von X eine diesbezügliche Abmahnung erhalten. Da A dennoch weiterhin gelegent-lich das Internet privat genutzt hat, erhält A von X eine ordentliche Kündigung.

a) X hat den Betriebsrat über den Kündigungsgrund und die Sozialdaten des A, wel-cher selbst nicht zum Betriebsrat gehört bzw. gehörte, vor 10 Tagen informiert. Der Betriebsrat hat sich nicht geäußert. Ist die Kündigung wirksam?

b) Würde sich zu Fall a) etwas ändern, wenn vor 8 Monaten das Ergebnis der Be-triebsratswahl bekannt gegeben wurde, bei der A einer der aufgestellten, wenn-gleich dann nicht gewählten Bewerber war?

c) Wäre die Kündigung des A wirksam, wenn vor 8 Monaten die Amtszeit des A als Betriebsratsmitglied geendet hätte?

Fall 98:

A ist seit drei Jahren im Großbetrieb des X (Vollzeitkraft, 50 Jahre alt, ledig, kein Kind) als qualifizierter Techniker eingestellt. Seit eineinhalb Jahren ist A aufgrund Bandschei-ben- und Rückenproblemen bereits vier Mal für je ca. vier Wochen ausgefallen. Die Fehlzeiten des A wurden jeweils durch kurzfristig eingestellte Aushilfen aufgefangen. Wie vom Betriebsarzt bestätigt, ist von keiner dauerhaften Genesung, sondern von ei-ner fortschreitenden Arbeitsunfähigkeit des A auszugehen. Eine andere Tätigkeit für A gibt es im Betrieb des X nicht. Als A erneut wegen seines Rückenleidens ausfällt, erklärt X dem A eine krankheitsbedingte ordentliche Beendigungskündigung.

a) Hätte eine Kündigungsschutzklage des A Aussicht auf Erfolg?

b) Ändert sich an der Lösung zu a) etwas, wenn im Betrieb des X eine für A körperlich leistbare Teilzeitstelle als wenngleich etwas niedriger als die bisherige arbeitsver-tragliche Tätigkeit des A eingestufte Hilfskraft frei wäre?

c) Ändert sich an der Lösung zu b) etwas, wenn A bei Zustellung der Kündigung in seinem Briefkasten sich noch für drei Wochen in einer Rehabilitationsklinik befand und daher gegen die verspätet vorgefundene Kündigung erst 22 Tage nach Kündi-gungszustellung Klage vor dem Arbeitsgericht erhob?

Fall 99:

Arbeitgeber X hat mit A vor drei Jahren einen Arbeitsvertrag auf unbestimmte Zeit geschlossen mit der Klausel „Der Vertrag kann von beiden Parteien mit einer Frist von 6 Wochen zum Quartalsende gekündigt werden." Im Betrieb des X sind einschließlich A zehn Arbeitnehmer beschäftigt. Am 26. Februar erhält X eine Erklärung der „Kündigung des Arbeitsvertrags zum nächstmöglichen Termin – mithin nach unserer Berechnung zum 31. März". Ende März kommt es zur Auseinandersetzung zwischen A und X, der von einem Aus-scheiden zum 31.3. ausgeht, dagegen A von einem Vertragsende zum 30.6. Am 1.4. erhebt A Feststellungsklage beim Arbeitsgericht.

a) Hat die Klage Aussicht auf Erfolg? Wann endet das Arbeitsverhältnis?

b) Ändert sich an der Antwort zu a) etwas, wenn A am 26.2. ohne jeglichen Verweis auf den nächstmöglichen Termin ausschließlich die „Kündigung des Arbeitsvertrags zum 31. März" erklärt hätte?

Fall 100:

X übergibt A am 22. April eine außerordentliche Kündigung mit sofortiger Wirkung. A erhebt am 20. Mai hiergegen Klage.

a) Hätte eine Kündigungsschutzklage der A Aussicht auf Erfolg? Wann endet das Arbeitsverhältnis des A?

b) Ändert sich an der Lösung zu a) etwas, wenn A schwanger ist, was X bei Kündigungserklärung bekannt war? Eine Genehmigung des Gewerbeaufsichtsamts hatte X nicht eingeholt.

IV. Randgebiete um das Arbeitsverhältnis

1. Praxisbezogene Schwerpunkte des Sozialversicherungsrechts

a) Kranken- und Unfallversicherung

Fall 101:

Besteht in folgenden Fällen gesetzlicher Krankenversicherungsschutz für A?

a) A ist als Auszubildende im Betrieb des X beschäftigt.

b) A ist als geringfügig Beschäftigte im Betrieb des X angestellt.

c) Die im Betrieb des X angestellte A ist seit 7 Monaten in Elternzeit gegangen und übt keinerlei Teilzeitbeschäftigung aus.

d) Das Arbeitsverhältnis der A bei X ist vor zwei Wochen beendet worden. A will keine neue nichtselbstständige Beschäftigung aufnehmen und hat sich daher nicht beim Arbeitsamt arbeitslos gemeldet.

e) A ist seit zwei Monaten arbeitslos. Ihr Arbeitslosengeldanspruch ruht noch bis Ablauf der Sperrzeit, weil die Kündigung der A durch deren vertragswidriges Verhalten begründet war.

f) A ist seit zwei Monaten arbeitslos. Ihr Arbeitslosengeldanspruch ruht noch bis zum anteiligen Verbrauch der Entlassungsentschädigung der A gemäß § 158 SGB III.

Fall 102:

Besteht in folgenden Fällen gesetzlicher Unfallversicherungsschutz der A?

a) A ist Auszubildende im Betrieb des X.

b) A ist als geringfügig Beschäftigte im Betrieb des X angestellt.

c) Die bei X angestellte A besucht freiwillig am Wochenende ein Seminar zu ihrer beruflichen Weiterbildung in einem Schulungsraum der IHK.

Fall 103:

Handelt es sich bei folgenden Verletzungen der Arbeitnehmerin A um Versicherungsfälle der gesetzlichen Unfallversicherung?

a) Verletzung wegen eines Unfalls auf dem Weg zum Kiosk gegenüber dem Betrieb zum Zigarettenholen während der Mittagspause.

b) Verletzung wegen eines Unfalls während eines vom Arbeitgeber angewiesenen Botengangs zum Gericht.

c) Verletzung wegen eines Unfalls auf dem Weg der A zum Kindergarten, um dort ihre vierjährige Tochter zur Betreuung während ihrer Teilzeittätigkeit abzugeben, bevor A vom Kindergarten zu ihrer Arbeitsstätte weiterfährt.

d) Verletzung wegen eines Wanderunfalls beim Betriebsausflug.

e) Verletzung wegen eines Sturzes bei der Probe einer Tanznummer für eine Betriebsjubiläumsfeier.

Fall 104:

Die seit zwei Jahren im Betrieb des X beschäftigte A fiel aufgrund einer Magenoperation mit anschließender Rehabilitation für sieben Wochen arbeitsunfähig aus. Entsprechende Arbeitsunfähigkeitsbescheinigungen hat A vorgelegt.

a) Für welchen Zeitraum erhielt A von wem Entgelt bzw. Entgeltersatzleistungen in welcher Höhe?

b) Welcher Versicherungsträger wäre zuständig, wenn die Arbeitsunfähigkeit der A durch einen Sturz bei Ausübung ihrer arbeitsvertraglichen Tätigkeit verursacht worden wäre?

Fall 105:

Die alleinerziehende A ist seit zwei Jahren im Betrieb des X angestellt. A hat zwei Kinder: die vierjährige Cindy und den sechsjährigen Bert. Cindy war in diesem Jahr einmal für fünf Arbeitstage der A und Bert einmal für zwölf Arbeitstage der A so erkrankt, dass es nach ärztlichem Zeugnis erforderlich war, dass A für die Betreuung und Pflege ihrer Kinder von der Arbeit zuhause bleiben musste. In dem Arbeitsvertrag der A ist nichts zu dem Punkt persönlicher vorübergehender Arbeitsverhinderung geregelt.

a) Welche Ansprüche bestanden in den Krankheitszeiten ihrer Kinder für A gegenüber Arbeitgeber X?

b) Welche Ansprüche bestanden in den Krankheitszeiten ihrer Kinder für A gegenüber der Krankenkasse?

b) Arbeitslosenversicherung

Fall 106:

Der seit vier Jahren im Betrieb des X angestellte A wird durch ordentliche Kündigung zum 31. Juli gekündigt.

a) Bis wann muss A sich als arbeitsuchend bei der Agentur für Arbeit melden?

b) Welche Pflichten treffen X hinsichtlich der Meldung des A im Sinne der Frage a)?

c) Ändert sich an der Antwort zu Frage a) etwas, wenn A sofort nach Erhalt der Kündigung hiergegen Kündigungsschutzklage erhebt, weil er davon ausgeht, dass die Kündigung unwirksam ist?

d) Welche Sanktion tritt ein, wenn A die rechtzeitige Meldung bei der Agentur für Arbeit im Sinne der Frage a) unterlässt?

Fall 107:

Kann der aus dem vorausgegangenen Fall bekannte A bei rechtzeitiger Meldung als arbeitsuchend nach der Kündigung bzw. nach korrekter persönlicher Arbeitslosmeldung für die Zeit ab Beendigung seines Arbeitsverhältnisses Arbeitslosengeld beanspruchen, wenn A

a) ab Juni eine geringfügige Beschäftigung in der Postverteilerstelle mit zehn Wochenstunden sowie eine selbstständige Tätigkeit als Tennislehrer mit fünf Wochenstunden ausübt?

b) grundsätzlich nicht bereit ist, eine Beschäftigung anzunehmen, die bei einer täglichen Arbeitszeit von acht Stunden eine tägliche Pendelzeit von bis zu zweieinhalb Stunden bedingen würde?

Fall 108:

Der langjährige Angestellte des X, Arbeitnehmer A, wurde von X zum 31. Juli gekündigt. Über die Wirksamkeit der Kündigung wird nach Kündigungsschutzklage des A ein arbeitsgerichtlicher Prozess angestrengt. X zahlt unter Hinweis auf die von ihm als wirksam erachtete Kündigung zum 31. Juli seit 1. August an A keinen Lohn mehr. A konnte seither weder bei X noch in einem anderen Betrieb Erwerb finden. A vertritt vor Gericht die Ansicht, dass die Kündigung zum 31. Juli unwirksam war und der Fortbestand seines Arbeitsverhältnisses bei X festzustellen sei. Am 12. Januar des Folgejahres stellt das Arbeitsgericht die Unwirksamkeit der Kündigung zum 31. Juli und damit den Fortbestand des Arbeitsverhältnisses seit 1. August fest. X will die Sache nun schnell erledigen und zahlt sofort nach dem Urteil des Arbeitsgerichts die seit 1. August aufgelaufenen Lohnforderungen auf das Konto des A, den X für insoweit weiterhin anspruchsberechtigt hält.

a) Erhielt A für die Zeit nach dem 31. Juli Arbeitslosengeld? (Von Arbeitslosigkeit, persönlicher Arbeitslosmeldung und erfüllter Anwartschaftszeit ist auszugehen.)

b) Welcher Anspruch besteht für die Agentur für Arbeit gegen A?

Fall 109:

Tritt in folgenden Fällen eine Sperrzeit hinsichtlich des Arbeitslosengeldanspruchs der A ein?

a) A hat gegen die von ihrem Arbeitgeber zwar fristgerecht erklärte, jedoch hinsichtlich ihrer Wirksamkeit zweifelhafte Kündigung keine Kündigungsschutzklage erhoben.

b) A hat mit Arbeitgeber X einen Abwicklungsvertrag geschlossen, in dem die Hinnahme der betriebsbedingten Kündigung der seit sechs Jahren bei X angestellten A vereinbart ist sowie eine Abfindung in Höhe von drei Gehältern.

c) A lebt seit sechs Jahren zusammen mit B in einer nichtehelichen Lebensgemeinschaft in Saarbrücken. A und B haben eine gemeinsame fünfjährige Tochter. Seit zwei Jahren ist A bei X teilzeitbeschäftigt. Als der bisher als Abteilungsleiter in einer Bank angestellte B in einen Vorstandsposten nach Frankfurt berufen wird, kündigt A ihre Stelle bei X fristgerecht, um mit B zusammen nach Frankfurt umziehen zu können.

d) Im vor drei Jahren geschlossenen Arbeitsvertrag zwischen A und X war bisher eine ordentliche Kündigungsfrist von 3 Monaten zum Quartal geregelt. X lässt A vor Übergabe der ordentlichen Kündigung eine Änderungsklausel gegenzeichnen, wonach die Kündigungsfrist einvernehmlich auf die gesetzliche Mindestfrist reduziert wird. A nimmt danach die Kündigung zum Ende des Folgemonats entgegen. Eine Abfindung erhält A nicht.

Fall 110:

Welche Dauer hat eine Sperrzeit hinsichtlich des Arbeitslosengeldanspruchs

a) bei Beendigung des Arbeitsvertrags aufgrund verhaltensbedingter Kündigung?

b) bei verspäteter Meldung als arbeitsuchend nach § 38 SGB III?

c) bei erstmaliger Ablehnung einer von der Arbeitsagentur (unter Belehrung über die Rechtsfolgen) angebotenen zumutbaren Beschäftigung?

Fall 111:

Die 48-jährige A ist seit elf Jahren im Betrieb des X angestellt. Nach monatelangem massivem Mobbing gegen A, welches erfolglos zu beheben versucht worden war, verlässt A den Betrieb des X. Am 22. November schließen A und X daher einen Aufhebungsvertrag zum 31. März des Folgejahres. Für das Arbeitsverhältnis der A gelten die gesetzlichen Kündigungsfristen. A verdient 2.400 € brutto im Monat. Gemäß Aufhebungsvertrag erhält A eine Abfindungszahlung in Höhe von 10.000 €.

a) Erhält A nach dem 31. März Arbeitslosengeld? Inwieweit kommt es zum Ruhen des Arbeitslosengeldanspruchs? (Von Arbeitslosigkeit, persönlicher Arbeitslosmeldung sowie erfüllter Anwartschaftszeit ist auszugehen.)

b) Wie ist Frage a) zu beantworten, wenn in dem Aufhebungsvertrag zwischen A und X die Beendigung des Arbeitsverhältnisses bereits zum 31. Dezember vereinbart worden wäre?

Fall 112:

A wurde vor vier Jahren bei X angestellt. Der Lohn des A beträgt monatlich 2.600 € brutto bzw. 1.900 € netto. Am 13. Juni wurde das Insolvenzverfahren hinsichtlich des Betriebs des X eröffnet. X hat seit vier Monaten an A keinen Lohn mehr gezahlt.

a) Von wem kann A in welcher Höhe die Zahlung seiner bis zur Insolvenzeröffnung offenen Lohnansprüche verlangen?

b) Bis wann muss A den Anspruch im Sinne der Frage a) gestellt haben?

c) Gegenüber wem wären nach Insolvenzeröffnung bis zum Arbeitsvertragsende weiter auflaufende Lohnansprüche des A geltend zu machen? Wie wären diese Lohnansprüche insolvenzrechtlich zu bezeichnen?

2. Arbeitsgerichtsprozess

Fall 113:

Ist in folgenden Fällen die Rechtswegzuständigkeit des Arbeitsgerichts gegeben?

a) Kündigungsschutzklage der Auszubildenden A.

b) Klage der gekündigten Rechtsanwaltsfachangestellten B auf Zeugnisberichtigung.

c) Klage auf Restgehalt des GmbH-Geschäftsführers C.

d) Klage auf Restvergütung des als freier Mitarbeiter im Architekturbüro des X beschäftigten D, wenn D bei X ca. 60 % seines Lebensunterhalts verdient.

e) Antrag des Arbeitgebers X auf Ersetzung der vom Betriebsrat verweigerten Zustimmung zu einer von X in seinem Betrieb beabsichtigten Versetzungsmaßnahme.

f) Kündigungsschutzklage des in der Kanzlei des X angestellten F, weil die Kündigung gegen folgendes für F geltende Kündigungsverbot verstieß: F hatte zu einer Betriebsversammlung im Hinblick auf einen im Kanzleibetrieb des X neu zu gründenden Betriebsrat eingeladen.

g) Klage auf Entschädigung nach § 15 Abs. 2 AGG wegen diskriminierender Nichtberücksichtigung der Bewerberin A im Einstellungsverfahren für eine Stelle bei X.

Fall 114:

Welches Arbeitsgericht wäre für eine Lohnklage des A örtlich zuständig?

a) Der in Darmstadt wohnhafte Arbeitnehmer A ist im Betrieb des X in Frankfurt beschäftigt. Betriebsinhaber X wohnt in Offenbach. Die Lohnabrechnungsstelle des Betriebs ist in Wiesbaden.

b) Der in Augsburg wohnhafte A ist in der X-GmbH angestellt. Firmensitz der X-GmbH ist Berlin. A ist in einem Telearbeitsverhältnis (Home Office) für die X-GmbH überwiegend zuhause beschäftigt.

Fall 115:

Sind folgende Klagen zulässig?

a) Die 17-jährige Auszubildende N erhebt beim zuständigen Arbeitsgericht Kündigungsschutzklage gegen Ausbilder X. Zum Abschluss des Ausbildungsverhältnisses mit X war N von ihren sorgeberechtigten Eltern ermächtigt worden.

b) Die in der Kanzlei des X zu ihrer Berufsausbildung zur Rechtsanwaltsfachangestellten beschäftigte 19-jährige B erhebt sofort nach Erhalt ihrer fristlosen Kündigung hiergegen Kündigungsschutzklage beim zuständigen Arbeitsgericht, in dessen Bezirk ein Schlichtungsausschuss der Rechtsanwaltskammer besteht.

Fall 116:

Wegen der am Montag, den 3. April, erklärten fristlosen Kündigung der Auszubildenden B hat am Donnerstag, den 13. April, eine Verhandlung vor dem bestehenden zuständigen Schlichtungsausschuss stattgefunden, in der beide Parteien angehört wurden. Der am 13. April vom Schlichtungsausschuss gefällte Spruch des im Ergebnis fortzuführenden Ausbildungsverhältnisses wurde vom Ausbilder X am Mittwoch, den 19. April, abgelehnt. – Bis wann müsste B nun Kündigungsschutzklage erheben?

Fall 117:

Arbeitgeber X hat den seit ca. 2 Jahren bei ihm beschäftigten Arbeitnehmer A am 30. Mai zum 30. Juni gekündigt. A hat zuletzt 1.800 € brutto = 1.250 € netto im Monat verdient. X geht zu Rechtsanwalt Y, um ihn mit seiner Vertretung in dem von A eingeleiteten Kündigungsschutzprozess zu beauftragen.

a) Worauf muss Y vor der Übernahme des Mandats den X hinweisen?

b) Wie hoch ist der Streitwert, wenn A auf Feststellung des unbegrenzt weiteren Bestands seines unwirksam gekündigten Arbeitsverhältnisses geklagt hat?

c) Wie hoch ist der Streitwert, wenn A am 17. Juni außer der Feststellung des Fortbestands seines Arbeitsverhältnisses auch mittlerweile ausständiges Gehalt für Mai einklagt?

d) Wie hoch ist der Streitwert, wenn A und X sich im Gütetermin des Kündigungsschutzverfahrens aus b) auf Beendigung des Arbeitsverhältnisses zum 30. Juni bei Zahlung einer Abfindung nach §§ 9, 10 KSchG in Höhe von 4.000 € einigen?

e) Wie hoch ist der Streitwert, wenn A gegen eine Änderungskündigung des X klagt, der A die Fortführung seines Arbeitsverhältnisses reduziert um die Hälfte der Arbeitsstunden angeboten hatte? A hat das Änderungsangebot abgelehnt und klagt auf Feststellung des uneingeschränkten Fortbestands seines Arbeitsverhältnisses.

f) Inwieweit erhöht sich der Streitwert, wenn A im Laufe des Kündigungsschutzprozesses die Klage um den Anspruch auf ein Zwischenzeugnis erweitert?

Fall 118:

Der zum 31. März aus seiner Anstellung bei der X-GmbH ausgeschiedene Arbeitnehmer A hat eine offene Forderung auf Urlaubsabgeltung. Die X-GmbH ist in Augsburg ansässig. A wohnt in München. A will seine Zahlungsforderung zunächst im Wege des Mahnverfahrens geltend machen.

a) Welches Gericht ist für die Durchführung des Mahnverfahrens zuständig?

b) Wie lange läuft die Frist für die X-GmbH zur Einlegung eines Widerspruchs gegen den Mahnbescheid?

Fall 119:

A hat Kündigungsschutzklage gegen Arbeitgeber X erhoben. X wird die Klage am 3. Mai zugestellt. Mit Zustellung der Klage wird X zu der bereits für den 12. Mai anberaumten Güteverhandlung vor dem zuständigen Arbeitsgericht geladen.

a) Hat das Gericht eine ausreichende Einlassungsfrist zur Vorbereitung des Beklagten X auf den Rechtsstreit gewahrt?

b) Muss X eine Klageerwiderung bis zum Gütetermin erstellen?

c) Muss X einen anwaltlichen Vertreter für den Gütetermin beauftragen?

d) Kann sich X von seiner Frau im Gütetermin vertreten lassen, weil diese viel besser reden kann als ihr Ehemann sowie mit dessen betrieblichen Angelegenheiten als im Betrieb des X angestellte Buchhaltungshilfe bestens vertraut ist?

e) Welchen Antrag muss X bzw. sein Vertreter in der Güteverhandlung stellen, wenn X den Klageantrag des A auf Feststellung des durch unwirksame Kündigung nicht beendeten und damit fortbestehenden Arbeitsverhältnisses für unbegründet hält?

Fall 120:

Die Klage der volljährigen Auszubildenden N ist durch Urteil des Arbeitsgerichts abgewiesen worden. N will hiergegen Berufung einlegen. In dem Urteil des Arbeitsgerichts ist eine Zulassungserklärung der Berufung nicht enthalten.

a) Ist eine Berufung zulässig, wenn es sich um eine Kündigungsschutzklage der N handelt?

b) Ist eine Berufung zulässig, wenn es sich um eine Lohnklage der N handelt mit einem Streitwert von 600 €?

c) Binnen welcher Frist wäre vor welchem Gericht eine zulässige Berufung der N gegen das ihr am 20. Juni zugestellte vollständig abgefasste Urteil des Arbeitsgerichts einzulegen?

B. Lösungsvorschläge

I. Arbeitsvertrag und Arbeitsverhältnis

1. Wesen und Wirksamkeit des Arbeitsvertrags

Lösungsvorschlag Fall 1:

a) Ja: Für den Abschluss eines Arbeitsvertrags gilt Vertragsfreiheit einschließlich vertraglicher Formfreiheit nach § 105 GewO. Ein Arbeitsvertrag ist ein Unterfall des Dienstvertrags nach § 611 BGB, im Rahmen dessen der Arbeitnehmer im Dienst des Arbeitgebers bei persönlicher Weisungsgebundenheit bzgl. Zeit und Ort sowie hinsichtlich des Inhalts und der Durchführung der Arbeitsleistung gemäß § 611a Abs. 1 BGB fremdbestimmte Leistung erbringt. Durch die im Einvernehmen mit X durchgeführte weisungsgebundene Tätigkeit des A ist zwischen A und X auch ohne schriftlichen Vertrag ein wirksames Arbeitsverhältnis zustande gekommen.

> **TIPP:** Auch vor bzw. ohne Klarstellung der Formfreiheit des Arbeitsvertrags in § 105 GewO galt und gilt diese auf Grundlage der Vertragsfreiheit und des Allgemeinen Persönlichkeitsrechts nach Art. 2 GG in Verbindung mit der Berufsfreiheit nach Art. 12 GG. Ebenso war Wesen und Definition des Arbeitsverhältnisses als weisungsgebundenes Dienstverhältnis auch vor dem seit April 2017 geltenden § 611a BGB außer durch BAG-Rechtsprechung gemäß § 611 BGB i.V.m. § 106 GewO rechtlich festzumachen.

b) Nein: A hat zwar Anspruch auf die Niederlegung der wesentlichen Vertragsbedingungen in einem schriftlichen Arbeitsvertrag gemäß § 2 Abs. 1 NachwG, der dem Arbeitnehmer spätestens einen Monat nach Arbeitsbeginn auszuhändigen ist. Jedoch ist dieses gesetzliche Formerfordernis nur deklaratorisch und keine Voraussetzung für die Wirksamkeit des Arbeitsvertrags. Die Nichteinhaltung dieses Formerfordernisses führt nicht zur Unwirksamkeit des – wie unter a) begründet – wirksam zustande gekommenen Vertrags.

Lösungsvorschlag Fall 2:

a) Nein: Der 15jährige N ist als Minderjähriger gemäß § 106 BGB nur beschränkt geschäftsfähig und benötigt zum wirksamen Abschluss eines nicht lediglich rechtlich vorteilhaften Arbeitsvertrags gemäß § 107 BGB die Einwilligung seiner Eltern als gesetzliche Vertreter. Da diese nicht erteilt wird, ist kein wirksamer Vertragsschluss mit N möglich.

b) Ja: Die Einwilligung der gesetzlichen Vertreter nach § 107 BGB bzw. hier speziell die Ermächtigung zur Eingehung eines Arbeitsverhältnisses gemäß § 113 BGB ist eine formfreie Willenserklärung, die gegenüber dem Minderjährigen oder gegenüber dem Vertragspartner erklärt werden kann. Der Abschluss des Arbeitsvertrags zwischen X und N ist daher wirksam möglich.

c) Ja: Für die Beschäftigung des 15-jährigen N als Arbeitnehmer sind gemäß § 1 Abs. 1 Nr. 2, § 2 Abs. 2 JArbSchG die Vorschriften des JArbSchG anwendbar. Gemäß § 2 Abs. 3 JArbSchG sind für Jugendliche, die der Vollzeitschulpflicht unterliegen die für Kinder geltenden Vorschriften des JArbSchG maßgeblich. Die Beschäftigung von Kindern ist nach § 5 Abs. 1 JArbSchG verboten. Gemäß § 5 Abs. 4 JArbSchG gilt das Kinderarbeitsverbot des § 5 Abs. 1 JArbSchG jedoch nicht für die Beschäftigung von vollzeitschulpflichtigen Jugendlichen während der Schulferien für höchstens vier Wochen. Aus den ansonsten zu b) ausgeführten Gründen ist ein wirksames Arbeitsverhältnis zwischen X und N möglich.

> **TIPP:** Verweisen Sie am Rand des § 2 Abs. 3 JArbSchG auf § 5 Abs. 1 und Abs. 4 JArbSchG!

Lösungsvorschlag Fall 3:

Es besteht seit Anfang der Tätigkeit der S vor drei Jahren ein wirksames Arbeitsverhältnis. Hinsichtlich Formwirksamkeit und Wesen des Arbeitsvertrags wird auf Fall 1 verwiesen. Die Sekretariatsarbeiten der S sind aufgrund Weisungsgebundenheit bzgl. Ort, Zeit, Durchführung und Inhalt der Arbeitsleistung typischerweise als Arbeitsverhältnis i.S.d. § 611a Abs. 1 BGB zu werten. Die Qualifizierung eines Vertragsverhältnisses ist anhand des Gesamtbilds der tatsächlichen Durchführung zu beurteilen. Die reine Vertragsbezeichnung – hier als „Freie Mitarbeit" bzw. „Assistentin" – ist nicht entscheidend. Auch ist die hier praktizierte Abrechnungsweise auf Rechnungsbasis bei vom Mitarbeiter übernommenen Sozialabgaben kein entscheidendes Kriterium.

Lösungsvorschlag Fall 4:

a) Ja: Die 16-jährige N ist als Minderjährige gemäß § 106 BGB nur beschränkt geschäftsfähig und benötigt zur Wirksamkeit einer nicht lediglich rechtlich vorteilhaften Willenserklärung – wie zum Abschluss eines Ausbildungsvertrags mit gegenseitigen Rechten und Pflichten – gemäß § 107 BGB die Einwilligung ihrer Eltern als gesetzliche Vertreter. Diese liegt vor.

> **TIPP:** Der für die Eingehung sowie erweitert auch für die Durchführung und Beendigung speziell von Dienst- und Arbeitsverhältnissen geltende § 113 BGB ist für Ausbildungsverhältnisse nicht anwendbar, da der Ausbildungszweck im Vordergrund steht. Für den Vertragsschluss in Fall 4 gilt allgemein § 107 BGB, welcher jedoch nur die Geschäftsfähigkeit hinsichtlich der Willenserklärung der N zum Abschluss des Ausbildungsvertrags ohne Erweiterung auf Rechtsgeschäfte zu dessen Durchführung oder zu dessen Beendigung umfasst.

b) Nein: Es ist zu prüfen, ob ein Abschlussverbot in Bezug auf X als Ausbilder vorliegt. Gemäß § 28 Abs. 1 BBiG darf Auszubildende nur einstellen und ausbilden, wer persönlich und fachlich dazu geeignet ist. Persönlich nicht geeignet ist nach § 29 Nr. 1 BBiG, wer z.B. Jugendliche nicht beschäftigen darf. Jugendliche dürfen gemäß § 25 Abs. 1 Nr. 4 JArbSchG nicht beschäftigt werden von Personen, die z.B. wegen einer Straftat nach dem Betäubungsmittelgesetz rechtskräftig verurteilt worden sind. Jedoch bleibt gemäß § 25 Abs. 1 S. 2 JArbSchG eine Verurteilung außer Betracht, wenn diese länger als fünf Jahre zurückliegt. Die Verurteilung des X wegen Kokainbesitzes vor zehn Jahren lässt also die persönliche Eignung des X zur Einstellung und Ausbildung der N unbeschadet.

> **TIPP:**   Verweisen Sie am Rand des § 29 Nr. 1 BBiG auf § 25 JArbSchG!

Lösungsvorschlag Fall 5:

Das Recht des Arbeitgebers, mit Einstellungsfragen das Auswahlrisiko bei der Einstellung eines möglichst geeigneten und arbeitsfähigen Arbeitnehmers zu begrenzen, ist durch den Schutz der Intimsphäre aus dem Allgemeinen Persönlichkeitsrecht nach Art. 2 GG sowie durch das Benachteiligungsverbot nach § 2 Abs. 1 Nr. 1 AGG i.V.m. § 7 Abs. 1 AGG beschränkt. Zulässig sind daher im Licht des Art. 2 GG sowie des § 8 AGG nur unmittelbar im Sachzusammenhang mit der zu besetzenden Stelle stehende Fragen, die von Bedeutung für die Erfüllung des Arbeitsverhältnisses sind. Es ergibt sich daher folgende Lösung:

a) Für die Stelle als Rechtsanwaltsfachangestellte/r ist die Frage nach

- beruflichem Werdegang – grundsätzlich – zulässig,
- Familienstand – regelmäßig ohne Interesse und Bezug zur Stellenbesetzung sowie wegen mittelbarer Diskriminierung im Hinblick auf das geschützte Merkmal der sexuellen Identität nach §§ 1, 2 Abs. 1 Nr. 1, 3 Abs. 2 AGG – unzulässig,
- Lebensalter – in der Regel, wie auch hier im Fall einer Rechtsanwaltsfachangestellten, kein legitimes stellenbezogenes Interesse – Frage nach §§ 1, 2 I Nr. 1, 3 I AGG unmittelbar diskriminierend, also unzulässig,
- Kinderwunsch und Schwangerschaft – grundsätzlich bzw. nach § 3 Abs. 1 S. 2 AGG – unzulässig,
- Krankheiten der letzten drei Jahre – da zu umfassend gefragt und nicht eingegrenzt auf schwerwiegende oder chronische Erkrankungen, die Einfluss auf die Stelle in einem Kanzleibüro haben könnten, wegen Verstoß gegen das Allgemeine Persönlichkeitsrecht nach Art. 2 GG – unzulässig,
- bestehender Drogenabhängigkeit bzw. Alkoholkrankheit – wegen der wesensgemäß bei derartigen Abhängigkeiten stets erheblichen Beeinträchtigung der Arbeitsfähigkeit – grundsätzlich – zulässig,
- Schwerbehinderung – gemäß §§ 1, 3 Abs. 1 S. 1 AGG i.V.m. § 164 Abs. 2 SGB IX gesteigertem Diskriminierungsschutz für Schwerbehinderte – unzulässig, soweit für die Ausübung der vorgesehenen Tätigkeit ohne Bedeutung.
- Lohnpfändungen – da eine Rechtsanwaltsfachangestellte keine besondere Vertrauensposition besetzt – unzulässig,
- Vorstrafen in Verkehrsdelikten – da eine Rechtsanwaltsfachangestellte keine Tätigkeit im Straßenverkehr auszufüllen hat – unzulässig.

> **TIPP:**   Auch die Bitte, den Bewerbungsunterlagen ein Lichtbild beizufügen, kann als mittelbare Diskriminierung gemäß § 3 Abs. 2 AGG gewertet werden im Hinblick auf in der Regel ohne berechtigtes Interesse des Arbeitgebers verkappte Benachteiligung wegen des Alters bzw. möglicher Erkennbarkeit einer Behinderung oder der ethnischen Herkunft.

Lösungsvorschlag Fall 6:

a) Nein: Es kommt eine Anfechtung wegen arglistiger Täuschung nach § 123 Abs. 1 BGB in Betracht. Diese ist begründet, wenn der Arbeitnehmer eine zulässige Einstellungsfrage bewusst falsch beantwortet hat und diese Täuschung des Arbeitgebers mit ursächlich für den Vertragsabschluss war. Die Frage nach Verkehrsdelikten war jedoch – wie zu Fall 5 ausgeführt – unzulässig. Hinsichtlich unzulässiger Einstellungsfragen hat der nur so effektiv geschützte Arbeitnehmer ein Recht zur Lüge. A hat daher X nicht arglistig getäuscht. Auch ist kein Irrtum über eine verkehrswesentliche Eigenschaft im Sinne der weiteren Anfechtungsmöglichkeit nach § 119 Abs. 2 BGB hinsichtlich des Verhaltens der A im Straßenverkehr in Bezug auf deren Stelle als Rechtsanwaltsfachangestellte gegeben. X kann den Vertrag nicht anfechten.

b) Ja: Die Frage nach dem beruflichen Werdegang ist – wie in Fall 5 erläutert – eine zulässige Einstellungsfrage. Mit der bewusst falschen Beantwortung dieser Frage hat A den X arglistig getäuscht. Wie von X erklärt, war die Täuschung mit ursächlich für die Anstellung der A. X kann den Arbeitsvertrag gemäß § 123 Abs. 1 BGB anfechten.

c) Für die Anfechtungserklärung nach § 123 BGB gilt nach § 124 BGB eine Anfechtungsfrist von einem Jahr ab Kenntnis der die Anfechtung begründenden Umstände, hier also bis 20.7. des nächsten Jahres.

d) Die Anfechtung bewirkt gemäß § 142 BGB grundsätzlich die Nichtigkeit des angefochtenen Rechtsgeschäfts von Anfang an. Bei einem bereits vollzogenen Arbeitsverhältnis wirkt die Nichtigkeit nicht zurück, sondern führt zu einer sofortigen Lösung des Arbeitsverhältnisses ab der Anfechtungserklärung. Das Arbeitsverhältnis zwischen X und A wird daher durch Anfechtung am 20.7. beendet.

Die Zeit der Vollziehung des Arbeitsverhältnisses zwischen 1.5. und 20.7. ist als so genanntes faktisches Arbeitsverhältnis wie ein fehlerfreies Arbeitsverhältnis hinsichtlich der von der Arbeitnehmerin darin erarbeiteten Lohnansprüche abzuwickeln. A hat daher ungekürzte Lohnansprüche gegen X für diesen Zeitraum.

Lösungsvorschlag Fall 7:

Den Weisungen des X ist als wirksame Ausübung des Direktionsrechts des Arbeitgebers nach § 106 GewO i.V.m. § 611a Abs. 1 BGB nachzukommen, sofern sie im Rahmen des Arbeitsvertrags nicht anderweitig bereits geregelte Arbeitsbedingungen betreffen und nicht gegen höherrangiges Recht verstoßen. Hinsichtlich der einzelnen Anweisungen ergibt sich daher:

a) Ja: Ein Rauchverbot stellt zwar einen Eingriff in das Allgemeine Persönlichkeitsrecht der Arbeitnehmer nach Art. 2 GG dar. Es ist jedoch gerechtfertigt durch den vom Arbeitgeber aufgrund seiner Fürsorgepflicht bzw. Schutzpflicht nach § 618 BGB zu gewährleistenden Nichtraucherschutz am Arbeitsplatz.

b) Nein: S ist als Schreibkraft eingestellt. Das Direktionsrecht hat dort seine Grenze, wo Arbeitsbedingungen bereits vertraglich geregelt sind. Die von S vertraglich geschuldete Tätigkeit ist auf die einer Schreibkraft begrenzt und nicht durch einseitige Bestimmung des Arbeitgebers auf Reinigungstätigkeiten zu erweitern.

c) Ja: Die vertraglich geschuldete Tätigkeit der A ist allgemein die einer Rechtsanwältin. In welchem Bereich A als Anwältin in der Kanzlei des X eingesetzt wird, steht in der Dispositionsfreiheit des weisungsberechtigten X.

d) Ja: Der Eingriff in das Allgemeine Persönlichkeitsrecht der Anwälte und Kanzleimitarbeiter mit Mandantenkontakt hinsichtlich deren Kleidung ist verhältnismäßig bzw. gerechtfertigt in Bezug auf das berechtigte Interesse des Arbeitgebers, dass seine Kanzlei bestmögliche branchenübliche Kompetenz und Seriosität ausstrahlt.

e) Nein: Das Direktionsrecht findet seine Grenze, wenn die Anweisung rechtswidrig ist. Der Arbeitnehmer ist nicht zu zwingen, sich rechtswidrig zu verhalten, wie hier bei Prozessbetrug oder Urkundenfälschung mitzuwirken. Die Anweisung des X ist aufgrund Verstoßes gegen höherrangiges Recht unwirksam.

Lösungsvorschlag Fall 8:

a) Nein: Es ist zu prüfen, ob aufgrund betrieblicher Übung ein Rechtsanspruch auf Weihnachtsgeld für die Zukunft entstanden ist. Ein vertraglicher Anspruch aus betrieblicher Übung entsteht aufgrund regelmäßig wiederholten Verhaltens des Arbeitgebers, sofern dies nicht unter Freiwilligkeitsvorbehalt gestellt ist und keine anderweitige vertragliche oder zwingend höherrangige Regelung besteht. In a) fehlt es an der Voraussetzung der Regelmäßigkeit: Das wenngleich über mehr als drei Jahre ohne Freiwilligkeitsvorbehalt außervertraglich bezahlte Weihnachtsgeld ist in der Höhe jeweils unterschiedlich. Hieraus lässt sich kein ausreichend konkreter Verpflichtungswille des Arbeitgebers für die Zukunft ableiten.

b) Ja: Im Unterschied zu a) liegt in b) eine regelmäßige wiederholte Leistung des Arbeitgebers vor. Der vertragliche Vorbehalt, der das jährliche Weihnachtsgeld nur unter das Stichwort „Freiwillige Leistungen" setzt, reicht als Freiwilligkeitsvorbehalt nicht aus. Der mangelnde Verpflichtungswillen des Arbeitgebers für die Zukunft ist nicht eindeutig genug für den Arbeitnehmer der Vertragsklausel zu entnehmen. Nach den ansonsten zu a) erläuterten Grundsätzen der betrieblichen Übung ist ein Rechtsanspruch auf Weihnachtsgeld entstanden.

> **TIPP:** Mittlerweile gilt kein noch so geschickt formulierter allgemeiner Freiwilligkeitsvorbehalt im Arbeitsvertrag mehr als geeignet, wirksam eine Rechtsbindung aufgrund betrieblicher Übung zu verhindern. Ein wirksamer Ausschluss des rechtsgeschäftlichen Bindungswillens müsste bei jeder Sonderzahlung als Vorbehalt erklärt werden (vgl. Erfurter Arbeitsrecht-Kommentar 2018, Rn. 71a zu § 310 BGB).

c) Nein: Diese klassische doppelte Schriftformklausel, die grundsätzlich für die Änderung des Vertrags sowie des Schriftformerfordernisses als solchen Schriftform voraussetzt, gilt nach Rechtsprechung des BAG hinsichtlich eines hierdurch sonst ausgeschlossenen, durch betriebliche Übung stillschweigend entstehenden Vertragsanspruchs als unangemessene Benachteiligung nach § 307 I BGB und als unwirksam. An dem Anspruch aus betrieblicher Übung aus Fall b) ändert sich also nichts.

> **TIPP:** Fall c) entspricht dem Urteil des BAG vom 20.5.2008 zu 9 AZR 382/07. Das BAG begründet seine die betriebliche Übung trotz doppelter Schriftformklausel bewahrende Entscheidung damit, dass eine doppelte Schriftformklausel unwirksam sei,

wenn sie – wie hier – so weit gefasst ist, dass sie den irreführenden Eindruck erweckt, auch nach Vertragsschluss getroffene, nach § 305b BGB gegenüber Allgemeinen Geschäftsbedingungen vorrangige mündliche Individualabreden zu umfassen. Auch wenn ansonsten eine doppelte Schriftformklausel eine Erweiterung der Vertragspflichten aufgrund betrieblicher Übung verhindern würde sowie betriebliche Übung selbst keine Individualabrede nach § 305b BGB ist, gilt eine derart irreführende – klassische – doppelte Schriftformklausel insgesamt als unangemessene Benachteiligung nach § 307 I BGB und als insgesamt unwirksam.

Lösungsvorschlag Fall 9:

Ja: A hat Anspruch auf Weihnachtsgeld aus betrieblicher Übung. Der Freiwilligkeitsvorbehalt in der Vertragsklausel widerspricht dem zusätzlich angefügten Widerrufsvorbehalt, da dieser sinnlos wäre, weil eine freiwillige Leistung mangels hierauf entstandenem Anspruch nicht widerrufen werden könnte bzw. ein Widerrufsvorbehalt einen Anspruch voraussetzen würde. Da die Klausel mehrdeutig ist, ist sie aufgrund des Verstoßes gegen das Transparenzgebot gemäß § 307 BGB unwirksam.

TIPP: Die Rechtsfolge im vorausgegangenen Fall entspricht dem Urteil des BAG vom 8.12.2010 zu 10 AZR 671/09 bzw. Urteil des BAG vom 14.9.2011 zu 10 AZR 526/10. Achtung: Klauseln mit einer derartigen Kombination von Freiwilligkeits- und Widerrufsvorbehalt sind in älteren Arbeitsverträgen häufig verwendet!

Lösungsvorschlag Fall 10:

Ja: Es kann dahinstehen, ob im Betrieb des X ein Weihnachtsgeldanspruch für die Belegschaft durch die bei jeweiliger Auszahlung gesonderten – wohl wirksamen – Freiwilligkeitserklärungen kein Anspruch aus betrieblicher Übung auf Weihnachtsgeld entstanden war oder doch. A hat jedenfalls einen Anspruch nach dem Gleichbehandlungsgrundsatz: Die ausschließlich der A vorenthaltene Weihnachtsgeldzahlung wäre eine sachfremde Schlechterstellung. Das Ausscheiden der A zum 31.12. könnte dies nicht rechtfertigen, da der Aufhebungsvertrag so auszulegen ist, dass auch der Dezemberbezug einschließlich darin auszuzahlenden Weihnachtsgelds nicht gekürzt werden darf. Auch ist für das Weihnachtsgeld keine Stichtagsregelung gesetzt.

Lösungsvorschlag Fall 11:

a) Nein: Grundsätzlich können zwar bei Sonderzahlungen wie z.B. Weihnachtsgeld Rückzahlungsklausel vereinbart werden. Jedoch sind diese aufgrund unangemessener Benachteiligung gemäß § 307 BGB unwirksam, wenn sie auch die ohne vom Arbeitnehmer zu vertretende vorzeitige Beendigung beinhalten. Da die vorliegende Klausel nicht zwischen der Verantwortungssphäre des Arbeitnehmers und Arbeitgebers unterscheidet, ist die Klausel daher unwirksam.

b) Ja: Die Rückzahlung von Fortbildungskosten kann wie bei anderen Sonderzuwendungen vereinbart werden unter Wahrung der Grenzen unangemessener Benachteiligung nach § 307 BGB und Verhältnismäßigkeit der Bindung an den Betrieb im Licht des Grundrechts auf freie Berufsausübung nach Art. 12 GG. Bzgl. des Umstands vorzeitiger Vertragsbeendigung ist hier angemessen die Verantwortungssphäre der Arbeitnehmerin berücksichtigt. Die Bindung der Arbeitnehmerin für

24 Monate bei monatlich gestaffelter Erstattungsverkürzung nach Abschluss der Ausbildung ist ebenfalls zulässig in Anbetracht der vom Arbeitgeber übernommenen Lasten bzgl. Gesamtkosten bzw. Arbeitsfreistellungen sowie des auch für die Arbeitnehmerin entstehenden Weiterbildungsvorteils, der in der Kanzlei genutzt werden soll.

TIPP:

- Das BAG setzt für Rückzahlungsklauseln bei Fortbildungskosten sowie entsprechend bzgl. sonstiger Sonderzuwendungen (Urteil vom 18.3.2014 zu 9 AZR 545/ 12 bzw. Urteil vom 19.1.2011 zu 3 AZR 621/08) eine vom Arbeitnehmer zu vertretende Ursache des vorzeitigen Ausscheidens voraus, da eine Rückzahlungsverpflichtung auch wegen arbeitgeberseitig veranlasster betriebsbedingter Kündigung unangemessen benachteiligen würde.

- Das BAG hat in seinem Urteil vom 14.1.2009 zu 3 AZR 900/07 Orientierungssätze zu einer gestaffelten zulässigen Bindungsdauer von im entschiedenen Fall 36 Monaten bei Übernahme von Fortbildungskosten aufgestellt. Gemäß BAG-Urteil vom 18.3.2014 zu 9 ZR 545/12 ist eine Rückzahlungsverpflichtung unzulässig, wenn der Arbeitgeber die erweiterte Qualifikation des Arbeitnehmers nicht nutzen will, oder bei nicht ausgenommener Eigenkündigung, die aus dem Arbeitgeber zuzurechnenden Gründen erfolgt.

Lösungsvorschlag Fall 12:

a) Vorformulierte Vertragsklauseln in Arbeitsverträgen sind zwar der Inhaltskontrolle nach §§ 307 ff. BGB zu unterziehen, jedoch sind hierbei gemäß § 310 Abs. 4 S. 2 BGB im Arbeitsrecht geltende Besonderheiten angemessen zu berücksichtigen.

Die Vereinbarung von Ausschlussfristen ist seit langem in Arbeitsverträgen üblich und somit nach § 310 Abs. 4 S. 2 BGB grundsätzlich zulässig. Zweistufige Ausschlussfristen, die hinsichtlich der schriftlichen sowie der nachfolgenden gerichtlichen Geltendmachung je eine Frist von nicht weniger als drei Monaten setzen, gelten als angemessen gemäß § 307 BGB. Unabdingbare Ansprüche wie strafbare bzw. vorsätzliche Pflichtverletzungen sowie auch der nach § 3 MiLoG nicht einschränkbare Mindestlohnanspruch sind aus der Klausel ausgenommen.

Jedoch darf seit 1.10.2016 nach § 309 Nr. 13 BGB bei Verbraucherverträgen wie z.B. Arbeitsverträgen für Erklärungen und Anzeigen keine strengere Form als Textform vereinbart werden.

Ergebnis: Die Schriftform zur Geltendmachung ihrer Ansprüche innerhalb der als solchen jedoch nicht unangemessenen und insoweit wirksamen Ausschlussfrist von drei Monaten wäre für A nicht zu wahren.

TIPP:

- Nach dem Urteil des BAG vom 20.6.2013 zu 8 AZR 280/12 ist eine vertragliche Ausschlussfrist regelmäßig dahin auszulegen, dass sie nur die zwischen den Parteien für regelungsbedürftig gehaltenen Fälle und nicht auch Ansprüche aus Vorsatzhaftung oder wegen Verletzung des Lebens, des Körpers oder der Gesundheit umfassen soll. Daher wäre die diesbezügliche Klarstellung in der Klausel an sich entbehrlich.

> • Entsprechend dem Urteil des BAG vom 24.8.2016 zu 5 AZR 703/15 im Zusammenhang mit von einer Ausschlussfrist umfassten Mindestentgelten von Pflegehilfskräften wird auch eine Ausschlussfristklausel, die den nach § 3 MiLoG nicht einzuschränkenden gesetzlichen Mindestlohn nicht ausnimmt, als insgesamt nach § 307 Abs. 1 S. 2 BGB (Transparenzgebot) unwirksam zu werten sein. Vor Inkrafttreten des MiLoG vom 11.8.2014 vereinbarte Ausschlussfristen sollen nur bis zur betroffenen Mindestlohnhöhe („insoweit") nach § 3 MiLoG als unwirksam gelten.
>
> • Da Arbeitnehmer gemäß § 13 BGB als Verbraucher gelten, ist für Arbeitsvertragsklauseln § 310 Abs. 3 Nr. 2 BGB anzuwenden. Danach gilt, dass bereits bei einmaliger Verwendung ohne inhaltliche Einflussnahme des Arbeitnehmers vorformulierte Arbeitsvertragsklauseln der gerichtlichen Kontrolle entsprechend den allgemeinen Geschäftsbedingungen gemäß §§ 307 ff. BGB unterliegen.

b) Ja: Die Ausschlussfrist ist uneingeschränkt auch hinsichtlich der vereinbarten Schriftform für B wirksam, da die Neufassung des § 309 Nr. 13 BGB erst für Verträge ab 1.10.16 gilt. Auch ist es für die Wirksamkeit der zweiseitig geschlossenen Vereinbarung arbeitsvertraglicher Klauseln unschädlich, dass B diese nicht verstanden hat: Bei Verträgen trägt der Arbeitnehmer das Sprachrisiko, da er sich an den Gegebenheiten des Gastlandes im Rechtsverkehr – wenn er an diesem teilnimmt – festhalten lassen muss.

c) Die Vertragsklausel ist nur in der zweiten Stufe der Ausschlussfrist hinsichtlich der nach § 307 BGB unangemessen kurz bemessenen Frist von weniger als drei Monaten unwirksam. Dieser Teil der Klausel kann insgesamt gestrichen werden, ohne dass der verbliebene Teil der Klausel bzgl. der schriftlichen Ausschlussfrist von drei Monaten sinnlos würde. Bei einer derart teilbaren Klausel bleibt der abgetrennte Teil wirksam. Somit muss B die dreimonatige Frist der schriftlichen Geltendmachung ihrer Ansprüche beachten, jedoch keine Ausschlussfrist zur Klage nach Ablehnung ihrer rechtzeitig schriftlich erhobenen Ansprüche.

> **TIPP:**   Fall 12c) entspricht dem Urteil des BAG vom 12.3.2008 zu 10 AZR 152/07 zur möglichen Teil-Wirksamkeit von Ausschlussfristen. Dies stellt eine Ausnahme dar zum Grundsatz, dass bei teilweise rechtswidrigen Allgemeinen Geschäftsbedingungen keine geltungserhaltende Reduktion eintritt, sondern grundsätzlich die Klausel „ganz oder gar nicht" wirksam ist.

Lösungsvorschlag Fall 13:

Nein: Die nach Alter ansteigende Urlaubsstaffel stellt eine benachteiligende Ungleichbehandlung jüngerer Arbeitnehmer im Vergleich zu Arbeitnehmern ab dem 31. bzw. 41. Lebensjahr dar, die nicht durch ein legitimes Ziel i.S.d. § 10 S. 1 AGG gerechtfertigt ist. Es ist auch nicht ersichtlich, dass X in seinem Betrieb konkret das legitime Ziel des Schutzes älterer Arbeitnehmer anstrebt im Hinblick auf ein altersbedingt gesteigertes Erholungsbedürfnis. Dies wäre allenfalls bei über 50- oder über 60-jährigen Arbeitnehmern anzunehmen. Die Klausel ist altersdiskriminierend. Sie verstößt gegen das Benachteiligungsverbot nach § 7 Abs. 1 i.V.m. §§ 1, 3 Abs. 1 AGG und ist somit gemäß § 7 Abs. 2 AGG unwirksam.

> **TIPP:** Der Fall entspricht der Entwicklung der Rechtsprechung des BAG (Urteile vom 21.10.2014 zu 9 AZR 956/12 bzw. vom 18.10.2016 zu 9 AZR 123/16 sowie vom 15.11.2016 zu 9 AZR 534/15). Konsequenz der Unwirksamkeit der altersdiskriminierenden Urlaubsstaffel: Beseitigung für die Vergangenheit durch rückwirkende Urlaubsanpassung für die Benachteiligten „nach oben", aber kein Anspruch auf künftige Besserstellung auf der höchsten Stufe für alle.

2. Besondere Arbeitsverhältnisse

a) Befristete Arbeitsverhältnisse und Leiharbeit

Lösungsvorschlag Fall 14:

a) Der Abschluss und das Entstehen eines wirksamen Arbeitsvertrags nach § 611a BGB ist gemäß § 105 GewO grundsätzlich formfrei möglich. Daher ist auch ohne schriftlichen Vertrag durch einvernehmliche Durchführung weisungsgebundener Dienstleistung von H für X ein Arbeitsverhältnis entstanden. Jedoch bedarf die Befristung eines Arbeitsvertrages gemäß § 14 Abs. 4 TzBfG zu ihrer Wirksamkeit der Schriftform. Die nur mündliche Befristungsabrede zwischen H und X ist daher gemäß § 125 BGB nichtig. Gemäß § 16 S. 1 TzBfG gilt das Arbeitsverhältnis als auf unbestimmte Zeit geschlossen.

b) Nein: Die für die Befristungsabrede nach § 14 Abs. 4 TzBfG vorausgesetzte gesetzliche Schriftform ist im Sinne des § 126 BGB durch beiderseitige schriftliche Erklärung auf einer Urkunde – hier gemeinsam unterzeichneter Zettel – gewahrt. Für die Befristung der Beschäftigung von H besteht gemäß § 14 Abs. 1 S. 2 Nr. 1 TzBfG der sachliche Grund des vorübergehenden personellen Mehrbedarfs. Damit ist ein wirksam bis Ende September befristetes Arbeitsverhältnis zustande gekommen. Gemäß § 15 Abs. 3 TzBfG kann ein befristetes Arbeitsverhältnis aber nur dann ordentlich gekündigt werden, wenn die vorzeitige Kündbarkeit vertraglich vereinbart ist. H und X haben jedoch hierzu nichts vertraglich vereinbart. Eine ordentliche Kündigung vor Ablauf der Befristung zum Ende September ist daher nicht möglich.

Lösungsvorschlag Fall 15:

a) Ja: Die Befristung des Arbeitsverhältnisses der A ist sachlich begründet gemäß § 14 Abs. 1 S. 2 Nr. 3 TzBfG wegen der Vertretung einer anderen Arbeitnehmerin bzw. speziell wegen Vertretung einer aufgrund Pflegezeit abwesenden Arbeitnehmerin gemäß § 6 Abs. 1 PflegeZG. Die von M beabsichtigte Pflegezeit von 6 Monaten in einem Betrieb mit mehr als 15 Beschäftigten – wie hier – steht ihr gemäß § 3 Abs. 1, § 4 Abs. 1 PflegeZG zu. In Erweiterung des auf die reine Vertretung beschränkten Befristungsgrundes nach § 14 Abs. 1 S. 2 Nr. 3 TzBfG umfasst die wirksame Befristung nach § 6 Abs. 1 PflegeZG auch die Zeit der notwendigen Einarbeitungsphase durch den später zu vertretenden Arbeitnehmer. Die Befristung des Arbeitsvertrags der A ist daher bereits ab Mitte Februar wirksam.

b) Nein: Ein gleichermaßen den Befristungsgrund der Vertretung nach § 14 Abs. 1 S. 2 Nr. 3 TzBfG erweiternder Fall ist z.B. wie hier für die notwendige Einarbeitungsphase gemäß § 21 Abs. 2 BEEG gegeben bei Vertretungsbedarf aufgrund Elternzeit der zu ersetzenden Arbeitnehmerin.

> **TIPP:** Vermerken Sie sich am Rand des § 14 Abs. 1 S. 2 Nr. 3 TzBfG die erweiternden Spezialnormen des § 21 Abs. 2 BEEG sowie § 6 Abs. 1 PflegeZG!

Lösungsvorschlag Fall 16:

a) Ja: Ein sachlicher Befristungsgrund nach § 14 Abs. 1 TzBfG liegt zwar nicht vor. Jedoch kann gemäß § 14 Abs. 2a TzBfG auch ohne sachlichen Grund in den ersten vier Jahren nach der Gründung eines Unternehmens – wie hier der neuen Event Master GmbH – ein Arbeitsvertrag kalendermäßig befristet werden. Diese sachgrundlose Befristung ist gemäß § 14 Abs. 2 S. 2 TzBfG, auf den § 14 Abs. 2a S. 4 TzBfG verweist, nur bei Neueinstellungen zulässig. Die Tätigkeit des T vor drei Jahren in dem Elektrogeschäft des B und C steht einer Neueinstellung nicht entgegen. Die Event Master GmbH stellt eine andere juristische Person als Arbeitgeber dar, unabhängig davon, dass B persönlich sowohl an dem Elektrogeschäft als gemeinsamer Inhaber mit C beteiligt war als auch als Geschäftsführer bzw. Gesellschafter der GmbH beteiligt ist. Die geplante Befristung des T kann daher wirksam abgeschlossen werden.

b) Der gemäß § 14 Abs. 2a TzBfG befristete Arbeitsvertrag kann mehrfach – ohne Begrenzung wie in § 14 Abs. 2 TzBfG auf höchstens drei Mal – verlängert werden bis zu einer Gesamtdauer von vier Jahren.

c) Am 10. Juli, dem vierten „Geburtstag" der Gründung der GmbH, also am letzten Tag des Zeitraums während der ersten vier Jahre nach Gründung des Unternehmens im Sinne des § 14 Abs. 2a S. 1 TzBfG kann noch ein seinerseits auf höchstens vier Jahre befristeter Arbeitsvertrag geschlossen werden.

d) Am 11. Juli nach vier Jahren der GmbH-Gründung vom 10. Juli ist die Privilegierung des § 14 Abs. 2a TzBfG nicht mehr anwendbar. Es gilt gemäß § 14 Abs. 2 TzBfG die allgemeine Höchstgrenze für die sachgrundlose kalendermäßige Befristung von Neueinstellung bis zur Höchstdauer von zwei Jahren.

Lösungsvorschlag Fall 17:

a) Ja: Zum einen ist eine Anschlussbefristung einer Auszubildenden gemäß § 14 Abs. 1 S. 2 Nr. 2 TzBfG sachlich begründet. Zum anderen kann auch ohne sachlichen Befristungsgrund gemäß § 14 Abs. 2 TzBfG ein Auszubildender als Neueinstellung bis zur Höchstdauer von zwei Jahren bzw. vier Jahren nach § 14 Abs. 2a TzBfG in ein befristetes Arbeitsverhältnis übernommen werden. Ein Ausbildungsverhältnis gilt nicht als ein bereits zuvor beim selben Arbeitgeber bestandenes Arbeitsverhältnis im Sinne des § 14 Abs. 2 S. 2 TzBfG. Demnach ist die beabsichtigte befristete Einstellung der A möglich.

b) Ja: Gemäß § 24 BBiG gilt aufgrund Weiterbeschäftigung der A nach Abschluss ihrer Ausbildung ohne gemäß § 14 Abs. 4 TzBfG wirksamer Befristungsabrede in der Woche bis zur Urlaubsrückkehr des X ein unbefristetes Arbeitsverhältnis der A als entstanden. Das zwischenzeitliche Arbeitsverhältnis der A schließt das Tatbestandsmerkmal des „Anschlusses" an ein Ausbildungsverhältnis im Sinne eines Befristungsgrundes nach § 14 Abs. 1 S. 2 Nr. 2 TzBfG aus. Auch ist eine sachgrundlose Befristung nach § 14 Abs. 2 S. 2 TzBfG der A nicht mehr möglich, da sie wegen ihres zwischenzeitlichen Arbeitsverhältnisses nicht mehr als Neueinstellung gilt. Die Befristung des Arbeitsverhältnisses der A ist nicht mehr wirksam möglich.

TIPP:
- Grundsätzlich ist eine nach § 14 Abs. 4 TzBfG formunwirksame Befristung nicht durch nachträgliche schriftliche Niederlegung durch die Vertragspartner zu heilen, außer in der nachträglichen schriftlichen Vereinbarung wird eine von der formunwirksamen Abrede abweichende, eigenständige Befristungsabrede getroffen. (vgl. BAG-Urteil vom 15.2.2017 zu 7 AZR 223/15).
- Verweisen Sie am Rand des § 14 Abs. 1 S. 2 Nr. 2 TzBfG auf § 24 BBiG!

Lösungsvorschlag Fall 18:

a) Das Arbeitsverhältnis zwischen X und A ist unwirksam befristet: Es besteht weder ein Befristungsgrund nach § 14 Abs. 1 TzBfG noch ist eine sachgrundlose Befristung nach § 14 Abs. 2 TzBfG wirksam, da bereits zuvor ein Arbeitsverhältnis zwischen X und A bestanden hatte. Gemäß § 16 S. 1 TzBfG gilt ein unwirksam befristeter Arbeitsvertrag als auf unbestimmte Zeit geschlossen und ist frühestens zum vereinbarten Ende ordentlich zu kündigen, hier also zum 30. September. Eine ordentliche Kündigung zu einem früheren Zeitpunkt wäre nur möglich, wenn dies vertraglich vereinbart wäre oder die Unwirksamkeit der Befristung ausschließlich an Schriftformmangel nach § 14 Abs. 4 TzBfG lag. Beide Ausnahmen sind hier nicht gegeben.

TIPP: Nach Rechtsprechung des BAG (Urteil vom 6.4.2011 zu 7 AZR 716/09 bzw. Urteil vom 21.9.2011 zu 7 AZR 375/10) soll nach dem Gesetzeszweck und in Analogie zur dreijährigen Regelverjährung – trotz des an sich unbeschränkten Gesetzeswortlauts des § 14 Abs. 2 S. 2 TzBfG – eine frühere Beschäftigung bei demselben Arbeitgeber einer sachgrundlosen Befristung nicht entgegen stehen, wenn die Beschäftigung mehr als drei Jahre zurückliegt. Diese nach BAG eingeschränkte Anwendung des § 14 Abs. 2 S. 2 TzBfG ist strittig. So beharrt z.B. das LAG Niedersachsen in seinem Urteil vom 20.7.2017 zu 6 Sa 1125/16 auf dem zeitlich unbegrenzten Vorbeschäftigungsverbot.

---

b) Gemäß § 17 S. 1 TzBfG ist die Klage auf Feststellung der Unwirksamkeit der Befristung spätestens drei Wochen nach dem vereinbarten Ende des – hier bis 30. September – befristeten Arbeitsverhältnisses zu erheben. A müsste daher bis zum 21. Oktober Klage erhoben haben.

Lösungsvorschlag Fall 19:

a) Das Arbeitsverhältnis endet mit Abschluss des Entwicklungsprojekts am 20. April. Dies folgt aus § 15 Abs. 2 TzBfG: Der Arbeitsvertrag des A war zweckbefristet für die Dauer eines zeitlich begrenzten Projekts im Sinne des sachlichen Befristungsgrundes nach § 14 Abs. 1 S. 2 Nr. 1 TzBfG. Gemäß § 15 Abs. 2 TzBfG endet ein zweckbefristeter Arbeitsvertrag mit Erreichen des Zwecks, frühestens zwei Wochen nach Zugang der schriftlichen Unterrichtung des Arbeitnehmers über den Zeit-

punkt der Zweckerreichung. Die schriftliche Mitteilung des X über den Projektab-
schluss am 20. April ging dem A am 4. April zu, also sogar noch vor der Mittei-
lungsfrist von zwei Wochen. Mit 20. April endet der Arbeitsvertrag des A.

b) Ja: Die Zweiwochenfrist des § 15 Abs. 2 HS 2 TzBfG ist mit Zugang der schriftlichen
Mitteilung des Projektabschlusses zum 20. April nur zehn Tage vorher am 10. April
nicht gewahrt. Die bereits am 1. April mündlich ergangene Mitteilung des X reicht
für die nach § 15 Abs. 2 TzBfG schriftlich erforderliche Unterrichtung nicht aus. Das
Arbeitsverhältnis endet daher zwei Wochen nach dem 10.4., d.h. am 24. April.

Lösungsvorschlag Fall 20:

a) Die Vergütungspflicht nach § 611a BGB obliegt der Zeitarbeitsfirma Z als Arbeitgeber der L auch während der Zeit der Entleihung: Gemäß § 14 Abs. 1 AÜG bleiben
die Leiharbeitnehmer auch während der Zeit ihrer Arbeitsleistung bei einem Entleiher Angehörige des entsendenden Betriebs des Verleihers. Die Schutzpflichten
(§ 618 BGB u.a.) sind wesensgemäß von dem vor Ort für deren konkrete Einhaltung verantwortlichen Entleiherbetrieb zu gewährleisten, hier also von X.

b) Es liegt hier die Situation des § 10 Abs. 1 AÜG vor: Der Vertrag zwischen der Ver-
leiherfirma Z und der Leiharbeitnehmerin L ist seit Verlust der nach § 1 Abs. 1
AÜG erforderlichen Erlaubnis zur gewerbsmäßigen Arbeitnehmerüberlassung gemäß § 9 Nr. 1 AÜG unwirksam. Im Fall der Unwirksamkeit des Arbeitsvertrags zwischen Verleiher und Leiharbeitnehmer nach Aufnahme der Tätigkeit bei dem Entleiher gilt gemäß § 10 Abs. 1 S. 1 HS 2 AÜG ein Arbeitsverhältnis zwischen dem
Entleiher und dem Leiharbeitnehmer als zustande gekommen ab dem Zeitpunkt
der Unwirksamkeit des Vertrags zwischen Verleiher und Leiharbeitnehmer.

Nach § 10 Abs. 1 S. 2 AÜG gilt das Arbeitsverhältnis zwischen Entleiher und Leiharbeitnehmer jedoch als befristet, wenn die Tätigkeit des Leiharbeitnehmers bei
dem Entleiher befristet vorgesehen war und hierfür ein sachlicher Befristungsgrund
vorlag. Dies ist im Fall der L gegeben: Diese war als Vertretung der H vorgesehen,
was dem Befristungsgrund nach § 14 Abs. 1 S. 2 Nr. 3 TzBfG entspricht.

Die vertragliche Beziehung zwischen X und L ist demnach ein bis zum Ende der
Vertretung der H befristetes Arbeitsverhältnis ab dem Zeitpunkt des Wegfalls der
Erlaubnis zur Arbeitnehmerüberlassung der Firma Z, also seit zwei Wochen nach
Tätigkeitsaufnahme der L in der Kanzlei des X.

c) Während des befristeten Arbeitsverhältnisses zwischen L und X gilt gemäß § 10
Abs. 1 S. 3 AÜG die zwischen dem Verleiherbetrieb Z und dem Entleiherbetrieb
des X vorgesehene Arbeitszeit. Die L hat gemäß § 10 Abs. 1 S. 4 AÜG Anspruch
auf Vergütung gegen X entsprechend der im Betrieb des X geltenden Regelungen
bei einem Mindestentgeltanspruch gemäß § 10 Abs. 1 S. 5 AÜG in Höhe des von
L mit der Zeitarbeitsfirma Z vereinbarten Entgelts.

b) Teilzeit und Elternzeit

Lösungsvorschlag Fall 21:

Nein: Gemäß § 4 Abs. 1 TzBfG dürfen teilzeitbeschäftigte Arbeitnehmer nicht schlech-
ter als vergleichbare Vollzeitarbeitnehmer behandelt werden. Die Kürzung des wenngleich als solchem freiwillig von X an die ganze Belegschaft gezahlten Weihnachtsgelds

um 500 € entspricht im Verhältnis zu dem insgesamt niedrigeren Grundgehalt der Teilzeitbeschäftigten einem höheren Kürzungsanteil im Vergleich zu den Vollzeitbeschäftigten. Dies stellt einen Verstoß gegen das Benachteiligungsverbot nach § 4 Abs. 1 TzBfG dar, der nach § 134 BGB zur Nichtigkeit der diskriminierenden Maßnahme des X führt, soweit sie anteilig zuungunsten der Teilzeitkräfte von der Kürzung des Weihnachtsgelds der Vollzeitkräfte abweicht.

Lösungsvorschlag Fall 22:

a) Nein: Gemäß § 8 Abs. 1 TzBfG kann ein Arbeitnehmer erstmals nach sechsmonatigem Bestand des Arbeitsverhältnisses die Verringerung der Arbeitszeit verlangen. Vor Ablauf dieser Wartezeit kann der Anspruch auf Teilzeitbeschäftigung nicht geltend gemacht werden. Am 1. April war A jedoch erst drei Monate bei X angestellt.

b) Wie zu a) erläutert kann A gemäß § 8 Abs. 1 TzBfG erstmals sechs Monate nach Beginn ihres Arbeitsverhältnisses – also ab 1. Juli – von X die Verringerung ihrer Arbeitszeit verlangen. Gemäß § 8 Abs. 2 TzBfG besteht für den Beginn der geltend gemachten Verringerung der Arbeitszeit eine weitere Frist von drei Monaten. A kann also frühestens die Verringerung ihrer Arbeitszeit ab 1. Oktober verlangen.

c) Ja: Die Voraussetzung des § 8 Abs. 7 TzBfG eines Schwellenwerts von mehr als fünfzehn Arbeitnehmern ist in der Kanzlei des X mit achtzehn Arbeitnehmern erfüllt. Die Berechnung der Anzahl der Arbeitnehmer im Sinne des § 8 Abs. 7 TzBfG erfolgt nach Köpfen unabhängig von der Wochenstundenzahl. § 8 Abs. 7 TzBfG verweist nicht auf eine entsprechende Anwendung der speziell für § 23 Abs. 1 KSchG geregelten anteiligen Zählweise bei Teilzeitkräften.

Lösungsvorschlag Fall 23:

a) Das Teilzeitverlangen der R ist gemäß § 8 Abs. 2 TzBfG trotz fehlender Angabe zur gewünschten Lage der Arbeitszeiten wirksam: Gemäß der „Muss"-Vorschrift des S. 1 des § 8 Abs. 2 TzBfG ist nur die Angabe des Umfangs der gewünschten Verringerung der Arbeitszeit notwendig. Die gewünschte Verteilung der Arbeitszeit ist gemäß Satz 2 des § 8 Abs. 2 TzBfG nur als „Soll"-Vorschrift abgefasst und daher keine Wirksamkeitsvoraussetzung des Teilzeitverlangens. Bei Fehlen der Angabe der Verteilung der verringerten Arbeitszeit im Verlangen des Arbeitnehmers verbleibt es insoweit beim Direktionsrecht des Arbeitgebers.

b) X hat gemäß § 8 Abs. 5 S. 1 TzBfG spätestens einen Monat vor dem ab 1. Januar gewünschten Beginn der Verringerung der Arbeitszeit, also spätestens bis am 1. Dezember schriftlich der R seine Entscheidung mitzuteilen. Einer Begründung bedarf die Mitteilung nicht.

c) Nein, der Arbeitnehmer ist an seine Entscheidung gebunden, ob er neben der Verringerung auch einen Verteilungswunsch äußert. Wenn er einen solchen geäußert hat. kann er seinen Verteilungswunsch nicht mehr ändern, nachdem der Arbeitgeber das entsprechende Teilzeitbegehren im Rahmen der nach § 8 Abs. 3 TzBfG durchzuführenden Erörterung abgelehnt hat. Eine andere Verteilung könnte der Arbeitnehmer – bzw. hier R – erst wieder nach Ablauf von zwei Jahren gemäß § 8 Abs. 6 TzBfG als neuerliches Teilzeitbegehren geltend machen.

Lösungsvorschlag Fall 24:

a) Anders als der Teilzeitanspruch nach § 8 Abs. 7 TzBfG gilt der Verlängerungsanspruch nach § 9 TzBfG für alle Arbeitnehmer ohne eine vorausgesetzte Betriebsgröße. Es ist daher unerheblich, ob die Kanzlei des X ein Kleinbetrieb mit nicht mehr als 15 Arbeitnehmern ist oder nicht.

b) Nein: Das Gebot der Berücksichtigung eines an einer Verlängerung seiner Arbeitszeit interessierten Teilzeitarbeitnehmers gemäß § 9 TzBfG greift nur, wenn ein entsprechender freier Arbeitsplatz vorhanden ist. Der Arbeitgeber kann nicht nach § 9 TzBfG gezwungen werden, einen Arbeitsplatz eigens einzurichten oder wie hier ein bestehendes anderes Arbeitsverhältnis – wenngleich problemlos beendbar bzw. mit einer sozial weniger schutzwürdigen Arbeitnehmerin – zu kündigen.

> **TIPP:** Als frei zu besetzender Arbeitsplatz im Sinne des § 9 TzBfG gilt auch ein Arbeitsplatz, der dauerhaft – nicht nur zur Abdeckung von Auftragsspitzen – von Leiharbeitnehmern besetzt ist. (BAG-Urteil vom 15.12.2011 zu 2 AZR 42/10; Urteil des LAG Hamm vom 25.2.2014 zu 14 Sa 1174/13).

Lösungsvorschlag Fall 25:

a) Nein: Die Inanspruchnahme von Elternzeit bedarf keines Antrags auf Gewährung durch den Arbeitgeber. Elternzeit kann unabhängig von Zustimmung und betrieblichen Interessen des Arbeitgebers unter den Voraussetzungen des § 15 BEEG gemäß § 16 Abs. 1 BEEG verlangt werden.

b) Gemäß § 16 Abs. 1 S. 1 Nr. 1 BEEG ist Elternzeit für den Zeitraum bis zum vollendeten dritten Lebensjahr des Kindes – wie hier – spätestens sieben Wochen vor Beginn der Elternzeit vom Arbeitgeber schriftlich zu verlangen. R nimmt die Elternzeit im Anschluss an die gemäß § 3 Abs. 2 MuSchG 2018 achtwöchige Mutterschutzfrist in Anspruch. Daher ist das Verlangen der Elternzeit spätestens eine Woche nach der Niederkunft der R gegenüber X zu erklären.

> **TIPP:** Hinsichtlich der nach § 16 I 1 BEEG für die Inanspruchnahme der Elternzeit gesetzten Schriftform wurde in der Rechtsprechung zwischenzeitlich nach Sinn und Zweck argumentiert, dass es sich nicht um ein gesetzliches Schriftformerfordernis i.S.d. §§ 126 BGB handele (Urteil des LAG Hessen vom 8.1.2015 zu 9 Sa 1079/14), sondern auch durch Telefax gewahrt werden könne. Das BAG hat jedoch mit Urteil vom 10.5.2016 zu 9 AZR 145/15 klargestellt, dass ein Elternzeitverlangen, das die gesetzlich vorgeschriebene Schriftform nicht wahrt, gemäß § 125 BGB nichtig ist.

c) Ja: Statt der Frist von sieben Wochen gilt nach § 16 Abs. 1 Nr. 2 BEEG eine Frist von dreizehn Wochen für das schriftliche Verlangen der vor Beginn der im Zeitraum zwischen dem dritten Geburtstag und dem vollendeten achten Lebensjahr des Kindes in Anspruch genommenen Elternzeit.

d) Das Arbeitsverhältnis bleibt während der Elternzeit in seinem rechtlichen Bestand unberührt. Es ruhen jedoch die gegenseitigen Hauptpflichten der Arbeitsvertragspartner: R ist daher während der Elternzeit von ihrer Pflicht zur Arbeitsleistung suspendiert, X von der Vergütungspflicht des Arbeitgebers.

Lösungsvorschlag Fall 26:

a) Nein: Die Erklärung gemäß § 16 Abs. 1 BEEG zur Inanspruchnahme bzw. Verteilung der Elternzeit während der ersten zwei Lebensjahre des Kindes ist grundsätzlich verbindlich. Ein Ausnahmefall eines unvorhergesehenen Wegfalls der Möglichkeit des Wechsels in der Anspruchsberechtigung im Sinne eines wichtigen Grunds, der nach § 16 Abs. 3 S. 4 BEEG ein Verlängerungsverlangen begründen könnte, ist bei der nachträglichen beruflichen Überlegung des V nicht zu bejahen.

b) Mit Zustimmung des Arbeitgebers X könnte die Elternzeit der R gemäß § 16 Abs. 3 S. 1 BEEG einvernehmlich verlängert werden.

c) Ja: Die eine Betreuung des Kindes vorerst ausschließende gesundheitliche Beeinträchtigung des für die Elternzeit zunächst vorgesehenen Berechtigten ist ein wichtiger Grund gemäß § 16 Abs. 3 S. 4 BEEG, der ein Verlängerungsverlangen des anderen zur Elternzeit Berechtigten begründet.

d) Entsprechend § 16 Abs. 5 BEEG besteht die Verpflichtung, die Änderung der Anspruchsberechtigung bzw. einen wichtigen Grund im Sinne des § 16 Abs. 3 S. 4 BEEG dem Arbeitgeber unverzüglich mitzuteilen, also ohne schuldhaftes Zögern nach den Umständen des Einzelfalls gemäß § 121 BGB.

Lösungsvorschlag Fall 27:

a) Nein: Nach § 15 Abs. 7 S. 1 Nr. 1 BEEG ist dem Anspruch auf Teilzeitarbeit während der Elternzeit eine Betriebsgröße von mehr als fünfzehn Arbeitnehmer vorausgesetzt. Dieser Schwellenwert ist in der Kanzlei des X nicht überschritten.

b) Ja: Gemäß § 3 Abs. 4 i.V.m. Abs. 1 PflegeZG besteht in Betrieben mit mehr als 15 Beschäftigten Anspruch auf Pflegezeit, wobei diese auch nur teilweise in Anspruch genommen werden kann und währenddessen Anspruch auf Teilzeitarbeit besteht. Als Beschäftigte gelten nach § 7 Abs. 1 Nr. 3 PflegeZG auch arbeitnehmerähnliche Personen. F ist gemäß § 12a Abs. 1 TVG arbeitnehmerähnliche Person und daher in den Schwellenwert nach § 3 Abs. 1 PflegeZG i.V.m. § 7 Abs. 1 Nr. 3 PflegeZG einzurechnen. Damit hat der Betrieb des X mit mehr als 15 Beschäftigten den Schwellenwert überschritten und besteht Anspruch der A auf Teilzeit während Pflegezeit.

c) Gemäß § 3 Abs. 3 PflegeZG hat A spätestens 10 Arbeitstage vor Beginn der Pflegezeit X schriftlich zu erklären, für welchen Zeitraum und in welchem Umfang sie die teilweise Freistellung in Anspruch nehmen will. Dabei hat sie auch die gewünschte Verteilung der Arbeitszeit anzugeben.

d) Nein: Aufgrund des unter Hinzurechnung von F überschrittenen Schwellenwerts von 15 Arbeitnehmern besteht für A bei Elternzeit grundsätzlich ein Teilzeitbeschäftigungsanspruch gemäß § 15 Abs. 7 BEEG. Dieser kann vom Arbeitgeber jedoch aus entgegenstehenden dringenden betrieblichen Gründen abgelehnt werden. Ein solcher liegt hier vor. Der Arbeitgeber bzw. die in Vollzeit eingestellte Vertretungskraft ist nicht dazu verpflichtet, durch Änderungskündigung bestehender Vollzeitbeschäftigung einen zusätzlichen Teilzeitarbeitsplatz während der Elternzeit für A zu schaffen.

> **TIPP:** Ein Teilzeitbegehren während der Elternzeit setzt zusätzlichen Beschäftigungs-
> bedarf voraus. Bei der Prüfung der Ablehnungsgründe ist die begehrte Teilzeittätigkeit
> dem vollständigen Ruhen der Arbeitspflicht bis zum Ende der Elternzeit gegenüberzu-
> stellen. Eine Beschäftigungspflicht während der Elternzeit besteht nicht. Es sind nur freie
> Arbeitsplätze zu berücksichtigen. (vgl. Urteile des BAG vom 15.4.2008 zu 9 AZR 380/07
> und vom 15.12.2009 zu 9 AZR 72/09.

e) X muss gemäß § 15 Abs. 7 S. 4 und 5 BEEG binnen einer Frist von vier Wochen
   unter Angabe einer schriftlichen Begründung auf den Verringerungsantrag der A
   reagieren.

> **TIPP:**
> - Unterstreichen Sie sich in §§ 15 und 16 BEEG wesentliche Stichworte wie z.B. in
>   § 15 Abs. 7 S. 1 BEEG „mehr als 15 Arbeitnehmer", „länger als sechs Monate",
>   „dringende betriebliche Gründe", „sieben Wochen ... schriftlich mitgeteilt", in § 15
>   Abs. 7 S. 4 BEEG „vier Wochen mit schriftlicher Begründung", in § 16 Abs. 1 BEEG in
>   Nr. 1 „... dritten Lebensjahr ... sieben Wochen", in Nr. 2 „... achten Lebensjahr ...
>   13 Wochen", sodann „... schriftlich vom Arbeitgeber verlangen", in § 16 Abs. 3 S. 1
>   BEEG „verlängert, wenn der Arbeitgeber zustimmt", in § 16 Abs. 3 S. 4 BEEG „Ver-
>   längerung ... verlangt ... aus einem wichtigen Grund" und schließlich in § 16 Abs. 5
>   BEEG „unverzüglich mitzuteilen".
> - Unterstreichen Sie bei § 3 PflegeZG in Abs. 1 „Beschäftigte", in Abs. 3 „zehn Arbeits-
>   tage vor Beginn schriftlich" sowie in Abs. 4 „dringende betriebliche Gründe".
> - Verweisen Sie bei § 3 Abs. 1 PflegeZG auf § 7 Abs. 1 Nr. 3 PflegeZG!

II. Pflichten der Arbeitsvertragspartner

1. Pflichten des Arbeitnehmers

Lösungsvorschlag Fall 28:

a) Nein: Ohne ausdrückliche vertragliche Regelung ist ein Arbeitnehmer nicht verpflichtet, über seine vertraglich vereinbarte Arbeitszeit hinaus Überstunden zu leisten, außer es handelt sich um einen Notfall. Da bei wenngleich außerordentlichem Arbeitsanfall, der binnen der vertraglichen Arbeitszeit nicht zu bewältigen war, kein Notfall vorliegt, ist A mangels entsprechender vertraglicher Regelung nicht zur Leistung der angeordneten Überstunden verpflichtet.

b) Ja: Es gibt keine gesetzliche Bestimmung, die verbietet, dass werdende Mütter Überstunden leisten. Die für werdende Mütter geltende Schutzvorschrift des § 4 Abs. 1 MuSchG verbietet lediglich Mehrarbeit, sofern sie achteinhalb Stunden täglich übersteigt. Dies ist im vorliegenden Fall nicht gegeben, da zuzüglich der zwei Überstunden an diesem Tag eine Arbeitszeit von nur sechs Stunden erreicht wird.

Lösungsvorschlag Fall 29:

Die Arbeitspflicht umfasst Nebenarbeiten nur, soweit sie typischerweise im Rahmen des vereinbarten Tätigkeitsbereichs anfallen sowie eine untergeordnete Bedeutung haben. Für Auszubildende gilt gemäß § 14 Abs. 2 BBiG, dass nur Aufgaben übertragen werden dürfen, die dem Ausbildungszweck dienen. Da auch im Ausbildungsberuf die mit diesem typischerweise zusammenhängenden Nebenarbeiten geschuldet sind, können auch Auszubildende zu derartigen berufsspezifischen Tätigkeiten herangezogen werden. Für die jeweiligen Einzelfälle ergibt sich daher:

a) Ja: Der Kaffeeservice bei Mandantenbesprechungen gehört zu den berufsspezifischen Nebenarbeiten einer Rechtsanwaltsfachangestellten wie hier der A.

b) Ja: Da die Betreuung der Mandanten mit Kaffee zu den berufsspezifischen Nebenarbeiten des Ausbildungsberufs der N gehört, kann diese hierzu im Rahmen ihrer Ausbildung herangezogen werden.

c) Ja: Die Abholung von Unterlagen zur Akteneinsicht ist ein zur Ausbildung als Rechtsanwaltsfachangestellte gehörender Botengang.

d) Nein: Grobe Reinigungsarbeiten wie das Putzen der Toilette sowie auch der Außentreppe gehören nicht mehr zu typischerweise im berufsspezifischen Tätigkeitsbereich anfallenden Nebenarbeiten geringfügigen Ausmaßes, wozu Auszubildende verpflichtet wären.

e) Ja: Es handelt es sich um eine Situation in der Dimension eines Notfalls. In diesem Fall besteht für jeden Arbeitnehmer aufgrund gesteigerter Treuepflicht die Verpflichtung zur Leistung von notwendigen Nebenarbeiten außerhalb des arbeitsvertraglichen Rahmens. So hat auch Rechtsanwaltsfachangestellte A bei den Gegenmaßnahmen nach dem Wassereinbruch mitzuhelfen.

Lösungsvorschlag Fall 30:

a) Die werktägliche Höchstgrenze der regelmäßigen Arbeitszeit von acht Stunden gemäß § 3 ArbZG ist an allen Arbeitstagen gewahrt. Als Arbeitszeit gilt hierbei gemäß § 2 Abs. 1 ArbZG die tägliche Zeit vom Beginn bis zum Ende der Arbeit ohne die Ruhepausen. Die gemäß § 4 ArbZG zu gewährenden Ruhepausen von mindestens dreißig Minuten bei einer Tagesarbeitszeit von mehr als sechs bis neun Stunden sind ebenfalls an allen Arbeitstagen eingehalten.

Die Arbeitszeit am Donnerstag ist jedoch in folgendem Punkt rechtswidrig und somit unwirksam vereinbart:

Zwischen dem Arbeitsende am Mittwoch um 20.30 Uhr und dem Arbeitsbeginn am Donnerstag um 7 Uhr liegt lediglich ein Zeitraum von zehneinhalb Stunden. Gemäß § 5 Abs. 1 ArbZG ist jedoch eine tägliche Ruhezeit von mindestens elf Stunden einzuhalten. Hiervon darf gemäß § 7 ArbZG nur tarifvertraglich, nicht – wie im vorliegenden Fall – lediglich einzelvertraglich zuungunsten des Arbeitnehmers abgewichen werden.

b) Die Arbeitszeiten von Montag bis Samstag sind wirksam vereinbart: Die tägliche Arbeitszeit von fünf Stunden ist ohne Pause möglich, da sie jeweils sechs Stunden gemäß § 4 ArbZG nicht übersteigt. Auch besteht im Rahmen der für den volljährigen Arbeitnehmer A anzuwendenden Vorschriften des ArbZG kein Verbot der Beschäftigung am Samstag.

Lösungsvorschlag Fall 31:

Für den 17-jährigen Arbeitnehmer N sind gemäß § 1 Abs. 1 Nr. 2, § 2 Abs. 2 JArbSchG die Vorschriften zur Arbeitszeit nach dem JArbSchG anzuwenden. Danach ergibt sich für die vereinbarten Arbeitszeiten des N Folgendes:

a) Die Höchstgrenze der täglichen Arbeitszeit von acht Stunden gemäß § 8 Abs. 1 JArbSchG ist gewahrt. Hierbei gelten Ruhepausen gemäß § 4 Abs. 1 JArbSchG nicht als Arbeitszeit. Jedoch müssen die Ruhepausen bei einer Arbeitszeit von mehr als sechs Stunden – wie hier bei täglich acht Stunden – gemäß § 11 Abs. 1 S. 1 Nr. 2 JArbSchG sechzig Minuten betragen.

Auch widerspricht die Lage der Arbeitszeiten am Montag und Mittwoch dem Gebot der Nachtruhe gemäß § 14 Abs. 1 JArbSchG, wonach Jugendliche grundsätzlich nicht über 20 Uhr hinaus beschäftigt werden dürfen. Darüber hinaus ist in verschärftem Maße wie bereits in Fall 30 die Ruhezeit bzw. tägliche Freizeit zwischen dem Arbeitsende am Mittwoch und dem Arbeitsbeginn am Donnerstag zu kurz. Diese müsste gemäß § 13 JArbSchG mindestens zwölf Stunden betragen.

Von den Schutzvorschriften des JArbSchG darf gemäß § 21a und § 21b JArbSchG nur durch Tarifvertrag oder Rechtsverordnung zuungunsten des Jugendlichen abgewichen werden. Da hiervon im Fall des N nicht auszugehen ist, sind die Vereinbarungen in den ausgeführten Punkten rechtswidrig und daher unwirksam.

b) Die Arbeitszeiten von Montag bis Samstag widersprechen zum einen § 15 JArbSchG. Danach dürfen Jugendliche nur an fünf Tagen in der Woche, nicht wie hier an sechs Tagen, beschäftigt werden. Zum anderen verstößt die Vereinbarung gegen das Gebot der Samstagsruhe nach § 16 Abs. 1 JArbSchG. Auch widerspricht die Festlegung einer täglichen Arbeitszeit von fünf Stunden ohne Pause § 11 Abs. 2

S. 2 JArbSchG, wonach die Beschäftigung von Jugendlichen ohne Pause nicht länger als viereinhalb Stunden zulässig ist. Die Pause muss nach § 11 Abs. 1 S. 1 Nr. 1 JArbSchG mindestens dreißig Minuten betragen. Wie zu a) erläutert sind die zuungunsten des Jugendlichen N von den Vorschriften des JArbSchG abweichenden Vereinbarungen unwirksam.

Lösungsvorschlag Fall 32:

Nein: Da gemäß § 1 Abs. 1 Nr. 1 JArbSchG die Vorschriften des JArbSchG gleichermaßen auf Auszubildende anzuwenden sind, entspricht die Antwort dem zu dem vorausgehenden Fall Erläuterten.

Lösungsvorschlag Fall 33:

Ja: Zum einen ist die Anordnung von Überstunden aufgrund vertraglicher Vereinbarung zulässig. Zum anderen ist auch die über die gesetzliche Regelarbeitszeit des § 3 Abs. 1 ArbZG hinausgehende Mehrarbeit von insgesamt mehr als zehn Stunden gemäß § 14 Abs. 2 Nr. 1 ArbZG zulässig. Die Fallsituation entspricht einem außergewöhnlichen, vom Arbeitgeber nicht vorab anderweitig abwendbaren Ausnahmefall des vorübergehenden Bedarfs, seine Arbeitnehmerin über die gesetzliche Arbeitszeit hinaus zu beschäftigen, da ansonsten bei nicht rechtzeitiger Erledigung insbesondere der Berufungsbegründungsfrist ein unverhältnismäßiger Schaden entstehen würde.

> **TIPP:** Abgrenzung: Überstunden sind über die vereinbarte individuelle Arbeitszeit hinausgehende Arbeitszeiten. Mehrarbeit ist über die gesetzliche Arbeitszeit nach § 3 Abs. 1 ArbZG hinausgehende Arbeitszeit. Die Regelung des § 14 ArbZG betrifft die Zulässigkeit von Mehrarbeit. § 14 ArbZG ist keine Anspruchsgrundlage für Überstunden.

Lösungsvorschlag Fall 34:

a) A haftet gemäß § 823 Abs. 1 BGB gegenüber M für die von A zu vertretende Beschädigung des Eigentums des M. Jedoch greift entsprechend den Haftungsgrundsätzen im Verhältnis zwischen Arbeitnehmer und Arbeitgeber eine Haftungsfreistellung des Arbeitnehmers bei – wie hier – nur leichter Fahrlässigkeit. In diesem Fall hat der Arbeitnehmer bzw. hier die Arbeitnehmerin A einen Anspruch gegen den Arbeitgeber, dass dieser die Arbeitnehmerin von der Schadensersatzforderung freistellt. Die Zahlung des Schadensersatzes für M ist daher letztlich von X zu leisten.

b) Ja: A haftet nach § 823 Abs. 1 BGB für die von ihr verschuldete Verletzung des Eigentums des Arbeitgebers bzw. nach § 280 Abs. 1 BGB für den durch ihre Pflichtverletzung entstandenen Schaden. Jedoch sind die Haftungsgrundsätze zwischen Arbeitgeber und Arbeitnehmer zu beachten. Danach besteht bei leichtester Fahrlässigkeit des Arbeitnehmers keine Haftung, bei mittlerer Fahrlässigkeit eine nach dem Umfang des jeweiligen Mitverschuldens anteilige Schadensaufteilung nach § 254 BGB, wobei in Fortentwicklung der Grundsätze zur gefahrgeneigten Tätigkeit haftungsmildernder Schadensausgleich bei jeder betrieblichen Tätigkeit des Arbeitnehmers greift. Ab grober Fahrlässigkeit greift grundsätzlich volle Haftung. Im Fall der B ist bei dem chaotischen, offenbar viel zu hohen Ordnerturm von zumindest mittlerer, wenn nicht bereits grober Fahrlässigkeit auszugehen. Mitverschulden des Arbeitgebers ist nicht ersichtlich. Vertretbar bzw. im Einzelfall auszustreiten ist eine hälftige bis volle Haftung der A.

c) Nein: Bei der Verletzung des R handelt es sich um einen Personenschaden, der durch einen anderen im selben Betrieb beschäftigten Arbeitnehmer – hier durch P – verursacht wurde. Die Haftung insoweit regelt § 105 SGB VII. Danach gilt, dass eine Schadensersatzpflicht für den Arbeitnehmer, der den Personenschaden verursacht hat, nur besteht, wenn dieser den Unfall vorsätzlich oder durch eine betriebliche Tätigkeit auf einem versicherten Weg nach § 8 Abs. 2 SGB VII herbeigeführt hat. Beides ist bei P nicht der Fall. Sie ist nicht zum Schadensersatz des Personenschadens des R verpflichtet.

Lösungsvorschlag Fall 35:

a) Ja: Die Klausel entspricht der arbeitsvertraglichen Nebenpflicht des Arbeitnehmers nach § 242 BGB zur Verschwiegenheit. Die Verschwiegenheitspflicht umfasst in berechtigtem betrieblichem Interesse stehende Betriebs- und Geschäftsgeheimnisse bzw. sonstige vertrauliche Angelegenheiten im Zusammenhang mit der Tätigkeit des Arbeitnehmers im Betrieb des Arbeitgebers. Diese Verpflichtung besteht grundsätzlich auch über die Beendigung des Arbeitsvertrags hinaus, soweit der Arbeitnehmer hierdurch nicht unzumutbar in der Ausübung seiner Berufsausübung beschränkt wird.

b) Nein: Die Klausel umfasst in unbestimmter und unverhältnismäßiger Weise außer vertraulichen Angelegenheiten bzw. Betriebs- und Geschäftsgeheimnissen sämtliche Vorgänge im Rahmen der Tätigkeit des Arbeitnehmers. Eine derartige „All-Klausel" führt zu einer unangemessenen Benachteiligung bzw. sittenwidrigen Vertragsbindung des Arbeitnehmers und ist daher unwirksam.

Lösungsvorschlag Fall 36:

a) Nein: Ein Arbeitnehmer darf aufgrund seiner Rücksichtspflicht nach den Grundsätzen von Treu und Glauben nach § 242 BGB (ehemals: Treuepflicht) während bestehendem Arbeitsverhältnis entsprechend dem Wettbewerbsverbot nach § 60 HGB keine mit dem Betrieb des Arbeitgebers konkurrierende Tätigkeit ausüben oder Arbeitnehmer seines Arbeitgebers abzuwerben versuchen. Dieses Wettbewerbsverbot ist jedoch noch nicht verletzt, wenn der Arbeitnehmer eine später beabsichtigte konkurrierende Tätigkeit z.B. durch Bewerbung vorbereitet oder neutrale Sondierungsgespräche mit Arbeitnehmern des Betriebs des Arbeitgebers führt, ohne diese zu einem Wechsel zu drängen.

b) Ja: Gemäß den Ausführungen zu a) liegt in dem Versuch, seinen Kollegen B bei Vertragsbruch bzgl. dessen Kündigungsfrist von X abzuwerben, eine Verletzung des aus der Treuepflicht des Arbeitnehmers – unabhängig von dessen Vertrag – abgeleiteten Wettbewerbsverbots des A.

c) Ja: Das Vorfühlen bei Kunden des Arbeitgebers im Hinblick auf eine etwaige spätere Konkurrenztätigkeit des Arbeitnehmers ist nicht mehr zulässige Vorbereitungshandlung, sondern verletzt bereits das Wettbewerbsverbot im Sinne der Ausführungen zu a).

d) Ja: Die vor Beendigung des Arbeitsverhältnisses des A begonnene Konkurrenztätigkeit verletzt das Wettbewerbsverbot wie zu a) ausgeführt.

e) Nein: Nach Beendigung des Arbeitsverhältnisses ist der Arbeitnehmer nur dann in seiner grundrechtlich nach Art. 2 und Art. 12 GG geschützten Berufsfreiheit durch ein Wettbewerbsverbot beschränkt, wenn dieses gemäß § 110 GewO die hierfür entsprechend anzuwendenden Voraussetzungen nach §§ 74 ff. HGB erfüllt. In der diesbezüglichen Vertragsklausel ist zwar die Voraussetzung einer schriftlichen Urkunde gemäß § 74 Abs. 1 HGB sowie der Höchstdauer von zwei Jahren gemäß § 74a Abs. 1 S. 3 HGB erfüllt, jedoch fehlt es an der gemäß § 74 Abs. 2 HGB zur Wirksamkeit erforderlichen Karenzentschädigung. Daher ist das nachvertragliche Wettbewerbsverbot des A unwirksam. Eine Pflichtverletzung durch seine Konkurrenztätigkeit ab 1. Januar liegt nicht vor.

Lösungsvorschlag Fall 37:

A hat aufgrund der gemäß §§ 74 ff. HGB wirksamen Vertragsklausel zum nachvertraglichen Wettbewerbsverbot einen Anspruch gegen X auf Zahlung der Karenzentschädigung unter Anrechnung seines anderweitigen Verdienstes nach Maßgabe des gemäß § 110 GewO anzuwendenden § 74c HGB. Gemäß § 74c Abs. 1 S. 1 HGB ist auf die Entschädigung in Höhe des hälftigen bisherigen Verdienstes der Betrag anzurechnen, der bei Addierung von Karenzentschädigung und neuem Verdienst den bisherigen Verdienst um mehr als ein Zehntel übersteigen würde.

Der von X an A zu bezahlende Betrag errechnet sich wie folgt:

Zulässiger Gesamtverdienst: 5.000 € + 1/10 von 5.000 € = 5.500 €

Karenzentschädigung und Neuverdienst addiert: 2.500 € + 4.000 € = 6.500 €

Anzurechnender Betrag der Karenzentschädigung: 6.500 € – 5.500 € = 1.000 €

Auszuzahlender Betrag der Karenzentschädigung: 5.500 € – 4.000 € = 1.500 €

TIPP: Ist der Arbeitnehmer durch das Wettbewerbsverbot gezwungen seinen Wohnort zu verlegen, beträgt der nicht anzurechnende zulässige Mehr-verdienst gemäß § 74c Abs. 1 S. 2 HGB statt einem Zehntel ein Viertel.

---

2. Vergütungspflicht des Arbeitgebers

a) Lohn für Arbeitsleistung

Lösungsvorschlag Fall 38:

a) Ja: Durch die vereinbarungsgemäß durchgeführte, weisungsabhängige Dienstleistung des A ist zwischen A und X ein Arbeitsverhältnis im Sinne des § 611a Abs. 1 BGB i.V.m. § 106 GewO entstanden. Die Wirksamkeit des Arbeitsvertrags bedarf gemäß § 105 GewO keiner Schriftform. Nach § 611a Abs. 2 BGB hat A gegen X Anspruch auf Vergütung seiner Arbeitsleistung.

b) Gemäß § 614 BGB ist die Lohnzahlung an A erstmals nach Ablauf des Monats fällig.

c) Ja: Gemäß § 108 Abs. 1 GewO ist dem Arbeitnehmer bei Zahlung des Arbeitsentgelts eine Abrechnung in Textform zu erteilen.

d) Nein: Soweit nicht ausdrücklich als Nettolohn vereinbart – wie hier nicht –, gilt nach dem Bruttoprinzip Arbeitsentgelt als Bruttolohn vereinbart.

e) Auch der Vergütungsanspruch unterliegt der Regelverjährung von 3 Jahren nach § 195 BGB, welche gemäß § 199 Abs. 1 Nr. 1 BGB am Schluss des Jahres beginnt, in dem der Anspruch entstanden ist. Der Lohnanspruch des A verjährt somit zum Ende des 3. Jahres, welches auf seinen Arbeitsbeginn folgt.

Lösungsvorschlag Fall 39:

a) Nein: Auf Praktikanten ist nach § 22 Abs. 1 S. 2 MiLoG grundsätzlich das MiLoG anwendbar. Jedoch handelt es sich hier um den Ausnahmetatbestand eines Pflichtpraktikums aufgrund einer schulrechtlichen Bestimmung gemäß § 22 Abs. 1 S. 2 Nr. 1 MiLoG. Auch würde die 15-jährige A als Minderjährige ohne abgeschlossene Berufsausbildung auch nach § 22 Abs. 2 MiloG nicht als Arbeitnehmerin i.S.d. MiLoG gelten.

b) Nein: Es handelt sich um den Ausnahmetatbestand nach § 22 Abs. 1 S. 2 Nr. 2 MiLoG, eines wenngleich freiwilligen Praktikums von bis zu drei Monaten zur Orientierung hinsichtlich der beabsichtigten Aufnahme einer bestimmten Ausbildung bzw. hier eines juristischen Studiums.

c) Ja: Es kommt auf die tatsächliche Durchführung des Vertragsverhältnisses an. Wenn – wie hier – entgegen der Bezeichnung als Praktikum es faktisch nicht zu dem entsprechenden Erwerb praktischer Kenntnisse durchgeführt wird, sondern statt des Ausbildungszwecks die Erbringung von Arbeitsleistung im Vordergrund steht, handelt es sich nicht um ein Praktikum im Sinne der privilegierten Ausnahmetatbestände nach § 22 Abs. 1 S. 2 MiLoG, sondern um ein Arbeitsverhältnis. Hierfür gilt nach § 22 Abs. 1 S. 1 MiLoG die Mindestlohnpflicht.

d) Nein: Es handelt sich um den Ausnahmetatbestand eines Pflichtpraktikums i.S.d. § 22 Abs. 1 S. 2 Nr. 1 MiLoG.

e) Nein: Nach § 22 Abs. 1 S. 2 Nr. 3 ist ein studienbegleitendes Praktikum bis zu drei Monaten von der Mindestlohnpflicht ausgenommen, wenn nicht zuvor ein solches Praktikumsverhältnis mit demselben Ausbildenden bestan-den hat. D war zwar zuvor bei X in einem Praktikumsverhältnis gestanden, jedoch nicht in „einem solchen" nach Nr. 3, sondern in einem Pflicht-Praktikumsverhältnis nach Nr. 1. Der Ausnahmetatbestand des § 22 Abs. 1 S. 2 Nr. 3 MiLoG ist daher gegeben.

Lösungsvorschlag Fall 40:

Nein: Die Vergütungsvereinbarung verstößt gegen das Benachteiligungsverbot des § 7 Abs. 1 AGG und ist gemäß § 7 Abs. 2 AGG unwirksam. Das ungleich vereinbarte Entgelt für gleichwertige Arbeit aufgrund der Behinderung des S ist nicht im Sinne des § 8 Abs. 1AGG als zulässige unterschiedliche Behandlung wegen beruflicher Anforderungen sachlich gerechtfertigt. Gemäß § 8 Abs. 2 AGG können wegen des betroffenen Merkmals nach § 1 AGG geltende besondere Schutzvorschriften – wie die hier von X in Bezug genommenen Vorschriften des SGB IX sowie sonstige Schutzvorschriften für Behinderte – eine Minderentlohnung nicht rechtfertigen.

Lösungsvorschlag Fall 41:

a) Nein: Da die Arbeitsvergütung der vertragliche Gegenanspruch zu einer Dienstleistung im Sinne des § 611a BGB ist und nicht erst nach einem bestimmten Erfolg im Sinne eines Werkvertrags geschuldet ist, besteht – sofern überhaupt Dienstleistung erbracht wird, wie hier bei R – kein Zurückbehaltungsrecht des Arbeitgebers an der Vergütung im Fall der Schlechtleistung des Arbeitnehmers. Der von X beabsichtigte hälftige Lohneinbehalt ist daher unzulässig.

b) Ja: R hat den Schaden grob fahrlässig verursacht. Sie hat ihre Sorgfaltspflicht in einem hohen Maße verletzt und haftet hierfür grundsätzlich dem Arbeitgeber nach § 280 Abs. 1 S. 1 BGB. Nach den zwischen Arbeitgeber und Arbeitnehmer geltenden Haftungsgrundsätzen haftet der Arbeitnehmer für grob fahrlässig verursachten Schaden voll, außer die Ersatzleistung steht nach den Umständen des Einzelfalls in Anbetracht der Pflichtverletzung und der Schadenshöhe außer Verhältnis. Unter Berücksichtigung des Monatsgehalts der R von 2.000 € sowie der Dimension der Pflichtverletzung ist die volle Schadensersatzforderung von 300 € gerechtfertigt.

Die von X beabsichtigte Aufrechnung der Ersatzforderung mit dem Gehalt der R ist zulässig. Gemäß § 394 BGB ist die Aufrechnung begrenzt durch die für Arbeitseinkommen geltenden Pfändungsgrenzen nach § 850c ZPO. Für die ledige und kinderlose R liegt bei einem monatlichen Nettolohn von 2.000 € die Pfändungsgrenze jedoch bereits weit über 300 €. X kann daher den vollen Schadensersatz von 300 € mit der Vergütung der R verrechnen.

Lösungsvorschlag Fall 42:

a) Ja: Gemäß § 628 Abs. 1 S. 2 und S. 3 BGB besteht kein Vergütungsanspruch und ist eine geleistete Vorschusszahlung des Arbeitgebers zurückzuzahlen, soweit bei vorzeitiger Vertragsbeendigung aufgrund verhaltensbedingter außerordentlicher Kündigung des Arbeitnehmers – wie im vorliegenden Fall – kein Interesse des Arbeitgebers mehr an der im Voraus vergüteten Arbeitsleistung besteht.

b) Nein: Gemäß § 628 Abs. 2 BGB hat ein Arbeitnehmer den aufgrund einer von ihm verschuldeten außerordentlichen Kündigung entstandenen Verfrühungsschaden dem Arbeitgeber zu ersetzen. Der Anspruch aus § 628 Abs. 2 BGB ist nach dem Schutzzweck der Norm auf Mehrkosten begrenzt, die über die Kosten hinaus gehen, die bei hypothetisch fristgemäßer Erklärung einer ordentlichen Kündigung ohnehin entstanden wären. Ob X von R Ersatz der für die Stellenanzeigen angefallenen Kosten verlangen kann, hängt also davon ab, ob sie im Fall einer fristgemäßen Kündigung vermeidbar gewesen wären. Hiervon ist im Regelfall und auch hier nicht auszugehen, so dass die Inseratskosten nicht von R zu erstatten sind.

Lösungsvorschlag Fall 43:

a) Im Fall auf Anweisung des Arbeitgebers geleisteter Überstunden ist bei Arbeitnehmern, die nicht dem Kreis leitender Angestellter zuzuordnen sind, von einer stillschweigenden Vereinbarung auszugehen, dass ihre Mehrleistung gemäß § 612 S. 1 und S. 2 BGB mit dem anteiligen Gehalt zu vergüten ist. Daher hat A auch ohne besondere vertragliche Regelung hierzu einen Anspruch auf Überstundenvergütung von 4 × 12,00 € = 48,00 €.

b) A hat denselben Vergütungsanspruch wie in a): Eine Formularvertragsklausel der pauschalen Gesamtabgeltung von Überstunden mit dem Grundgehalt ist gemäß § 307 Abs. 1 BGB wegen unangemessener Benachteiligung des Arbeitnehmers unwirksam: Aus einer derartigen Pauschalabgeltungsklausel ergibt sich nicht ausreichend klar und verständlich (Transparenzgebot) das Verhältnis von Arbeitsleistung und Entgelt bzw. der zu erwartende Umfang der ohne zusätzliche Vergütung zu leistenden Überstunden. Zu einem derartigen einseitigen Eingriff in das Gleichgewichtsverhältnis zwischen Arbeitsleistung und Vergütung ist der Arbeitgeber nicht berechtigt.

> **TIPP:** Die Antwort zu Fall b) entspricht der verfestigten Rechtsprechungsentwicklung (BAG-Urteile vom 1.9.2010 zu 5 AZR 517/09 bzw. vom 22.2.2012 zu 5 AZR 765/10) zur Unwirksamkeit pauschaler Abgeltungsklauseln bezogen auf „normale" Arbeitnehmer im Unterschied zu „Besserverdienern" über der Beitragsbemessungsgrenze der Rentenversicherung.

c) Ja: Es besteht keine zwingende Verpflichtung, Überstunden durch finanzielle Vergütung auszugleichen. Eine Vereinbarung, die dem Arbeitgeber das Recht bzw. das Wahlrecht zum Freizeitausgleich der Überstunden gibt, ist wirksam. Gemäß der zwischen A und X geschlossenen Vertragsklausel kann X den A auf Freizeitausgleich seiner Überstunden verweisen.

d) Ja: Die Vereinbarung einer Abgeltung mit dem Grundgehalt von 10 monatlichen Überstunden bei 40 Wochenarbeitsstunden ist noch als angemessen zu werten und ist weder überraschend noch wegen Verstoßes gegen das Transparenzgebot nach § 307 BGB unwirksam. Auch ist die Formulierung „mit drin" ausreichend bestimmt und ist keine Schriftform zur Wirksamkeit der Abgeltungsvereinbarung vorausgesetzt. Auch wird im monatlichen Durchschnitt bei dem Stundenlohn der A der nach § 3 MiLoG unabdingbare gesetzliche Mindestlohn durch die Über-stundenklausel nicht unterschritten.

> **TIPP:** Das BAG hat mit Urteil vom 16.5.2012 zu 5 AZR 331/11 sogar eine Klausel für angemessen, transparent und ausreichend bestimmt gewertet, wonach bei einer Regelarbeitszeit von vierzig Wochenstunden „die ersten zwanzig Überstunden monatlich mit drin" waren. Das BAG hat dabei eine Abgeltung von umgerechnet ca. 11,6 % nicht beanstandet. Dies liegt etwas über der nach h.M. herausgebildeten Grenze von ca. 10 %. Eine Überstundenabgeltung darf jedoch nie zur Unterschreitung des gesetzlichen Mindestlohns im Monat führen.

e) Nein: Bei leitenden Angestellten kann wirksam die Gesamtabgeltung von Überstunden vereinbart werden, da wesensgemäß die betriebliche Funktion leitender Angestellter mögliche Überarbeit beinhaltet sowie ein dementsprechendes höheres Grundgehalt gegenüber steht. Das Monatsgehalt von 7.500,00 € übersteigt die Beitragsbemessungsgrenze der gesetzlichen Rentenversicherung und ist so als deutlich herausgehobene Vergütung zu werten. A hätte keinen Anspruch auf Überstundenvergütung aufgrund wirksamer Abgeltungsklausel.

> **TIPP:** Fall e) entspricht der Grenzziehung des BAG in seinem Urteil vom 22.2.2012 zu 5 AZR 765/10, wonach regelmäßig von einer deutlich herausgehobe-

nen Vergütung ausgegangen wird, wenn das Entgelt die Beitragsbemessungsgrenze der gesetzlichen Rentenversicherung überschreitet. Hier kann wirksam die Pauschalabgeltung von Überstunden vereinbart werden.

Lösungsvorschlag Fall 44:

Ja: Irrtümliche Überzahlungen des Arbeitgebers – wie hier – sind nach § 812 Abs. 1 BGB vom Arbeitnehmer grundsätzlich zurückzufordern. Auf Wegfall der Bereicherung nach § 818 Abs. 3 BGB wegen Verwendung für den eigenen Lebensbedarf kann sich der Arbeitnehmer nicht berufen bei offensichtlichen Überzahlungen wie hier bei einer Doppelzahlung. Es ist von der Kenntnis der Rechtsgrundlosigkeit des Geldempfangs auszugehen und gemäß §§ 819 Abs. 1, 818 Abs. 4 BGB die Berufung auf Entreicherung ausgeschlossen.

TIPP: Von ebenso offensichtlich rechtsgrundloser Überzahlung und ausgeschlossenem Einwand der Entreicherung ist bei weitergezahltem Lohn trotz Beendigung des Vertrags auszugehen. Demgegenüber wird regelmäßig von entreicherndem Verbrauch für den Lebensunterhalt ausgegangen bei geringfügigen Lohnüberzahlungen bis ca. 10 % bei unteren und mittleren Einkommensgruppen.

b) Lohn ohne Arbeitsleistung

aa) Entgeltfortzahlungsgesetz und Mutterschutz

Lösungsvorschlag Fall 45:

Die Entgeltfortzahlung an gesetzlichen Feiertagen ist in § 2 EFZG geregelt. Gemäß § 1 Abs. 2 EFZG ist das EFZG auch für Auszubildende anwendbar.

a) Der Nikolaus-Tag ist kein gesetzlicher Feiertag. Da A hierfür unentschuldigt keine Arbeitsleitung erbracht hat, besteht für sie weder Anspruch auf Arbeitsvergütung nach § 17 BBiG noch auf Feiertagsentgelt gemäß § 2 Abs. 1 EFZG.

b) Für das Ausbildungsverhältnis der A in Nürnberg gelten die gesetzlichen Feiertage des Bundeslandes Bayern. Der Dreikönigstag ist in Bayern gesetzlicher Feiertag. A hat Anspruch auf Feiertagsentgelt gemäß § 2 Abs. 1 EFZG.

c) Der Karfreitag ist bundesweit gesetzlicher Feiertag. A hat Anspruch auf Feiertagsentgelt gemäß § 2 Abs. 1 EFZG.

d) Der Gründonnerstag ist kein gesetzlicher Feiertag. Das unentschuldigte Fernbleiben am letzten Arbeitstag vor Feiertagen („Brückentag") führt gemäß § 2 Abs. 3 EFZG zum Verlust des Entgeltzahlungsanspruchs für die auf den Brückentag folgenden Feiertage. Auf den Gründonnerstag folgten ohne Unterbrechung eines Arbeitstags für die am Samstag nicht zur Arbeit verpflichtete Auszubildende A die gesetzlichen Feiertage des Karfreitag und Ostermontag. Gemäß § 2 Abs. 3 EFZG besteht für diese kein Anspruch auf Feiertagsentgelt nach § 2 Abs. 1 EFZG. A hat daher sowohl für den Gründonnerstag, als auch für den Karfreitag und Ostermontag keinen Vergütungsanspruch.

> **TIPP:**
>
> - Verweisen Sie am Rand von § 2 Abs. 1 EFZG auf die Übersicht unter Ziffer 18 b der dtv-Sammlung der Arbeitsgesetze. Dort sind die in den jeweiligen Bundesländern geltenden gesetzlichen Feiertage tabellarisch aufgelistet.
> - Unterstreichen Sie in § 2 Abs. 3 EFZG den – wie in d) möglichen – Plural der vom Verlust der Entgeltzahlung betroffenen „Feier**tage**".

Lösungsvorschlag Fall 46:

a) Wenn ein Arbeitnehmer geltend macht, er habe sich über seine Arbeitsverpflichtung bzw. das Ende des Urlaubs geirrt, wird darin grundsätzlich kein ausreichender Entschuldigungsgrund gesehen. A ist am 15. Oktober unentschuldigt der Arbeit fern geblieben. Da der 15. Oktober der erste individuelle Arbeitstag für A nach dem in ihrem Urlaub eingeschlossenen gesetzlichen Feiertag des 3. Oktober gewesen wäre, entfällt gemäß § 2 Abs. 3 EFZG der Anspruch der A auf Feiertagsentgelt nach § 2 Abs. 1 EFZG für den 3. Oktober. Für den 15. Oktober hat A wegen nicht erfüllter Arbeitsleistung keinen Vergütungsanspruch nach § 611a BGB.

b) Wenn der Arbeitnehmer sein Fernbleiben objektiv nicht zu vertreten hat und keine Arbeitsverpflichtung an dem Fehltag bestanden hätte – wie hier bei krankheitsbedingter Arbeitsunfähigkeit –, gilt dies nicht als „unentschuldigtes Fernbleiben" im Sinne des Anspruchsausschlusses nach § 2 Abs. 3 EFZG. Dies ist auch nicht durch die Verletzung der Mitteilungspflicht nach § 5 Abs. 1 S. 1 EFZG ausgeschlossen. Das Feiertagsentgelt nach § 2 Abs. 1 EFZG für den 3. Oktober bleibt A erhalten.

Die Entgeltzahlung für den 15. Oktober bemisst nach §§ 3 ff. EFZG. A war an diesem Tag infolge von ihr nicht verschuldeter Krankheit arbeitsunfähig. In diesem Fall besteht gemäß § 3 Abs. 1, § 4 Abs. 1 EFZG Anspruch auf Fortzahlung des regelmäßigen Arbeitsentgelts.

Lösungsvorschlag Fall 47:

a) Nein: Gemäß § 7 Abs. 1 EFZG gilt, dass für den Arbeitgeber lediglich ein Leistungsverweigerungsrecht hinsichtlich der Entgeltzahlung besteht, solange der Arbeitnehmer seiner Pflicht zur Vorlage von Arbeitsunfähigkeitsbescheinigungen nicht nachkommt. Sobald der Arbeitnehmer der Vorlagepflicht nachkommt, ist das Leistungsverweigerungsrecht rückwirkend erloschen und das ungekürzte Entgelt zu zahlen. Die Klausel weicht zuungunsten des Arbeitnehmers von § 7 EFZG ab und ist daher gemäß § 12 EFZG unwirksam.

b) Ja: Gemäß § 3 Abs. 3 EFZG entsteht erst nach vierwöchiger ununterbrochener Dauer des Arbeitsverhältnisses der Anspruch auf Entgeltfortzahlung im Krankheitsfall nach § 3 Abs. 1 EFZG, welche gemäß § 4 Abs. 1 EFZG in Höhe des regelmäßigen Arbeitsentgelts zu 100 % geschuldet würde. Die Vertragsklausel hinsichtlich eines Entgeltfortzahlungsanspruchs bereits in den ersten vier Wochen auf 80 % des Arbeitsentgelts anstatt des in diesem Zeitraum gesetzlich überhaupt nicht bestehenden Entgeltfortzahlungsanspruchs ist eine vertragliche Abweichung zugunsten des Arbeitnehmers. Da gemäß § 12 EFZG nur Abweichungen zuungunsten des Arbeitnehmers zur Unwirksamkeit führen, ist die Vertragsklausel wirksam.

Lösungsvorschlag Fall 48:

a) Ja: Gemäß § 5 Abs. 1 S. 3 EFZG ist der Arbeitgeber berechtigt, auch früher als nach drei Kalendertagen Arbeitsunfähigkeit die Vorlage einer Arbeitsunfähigkeits-Bescheinigung zu verlangen. Die Vertragsklausel entspricht somit dem gesetzlichen Spielraum für den Arbeitgeber und ist daher wirksam.

b) Nein: Durch die wirksame vertragliche Regelung zur Vorlage einer Arbeitsunfähigkeitsbescheinigung nach dem zweiten Tag der Arbeitsunfähigkeit hat sich X gebunden und seine ohne diese Vertragsklausel nach § 5 Abs. 1 S. 3 EFZG ansonsten bestehende Berechtigung zum Verlangen einer Arbeitsunfähigkeitsbescheinigung bereits nach dem ersten Tag aufgegeben.

Lösungsvorschlag Fall 49:

a) Gemäß § 3 Abs. 1 S. 1 EFZG besteht der Entgeltfortzahlungsanspruch infolge einer Krankheit für die Dauer von höchstens sechs Wochen im Sinne von 42 Kalendertagen. Erst nach Ablauf eines Zeitabstands von sechs Monaten hat der Arbeitnehmer gemäß § 3 Abs. 1 S. 2 Nr. 1 EFZG bei erneuter Arbeitsunfähigkeit infolge derselben Krankheit einen neuen Anspruch auf sechswöchige Entgeltfortzahlung. A hat daher Anspruch auf Arbeitsentgelt für die ersten fünf Wochen ihrer Arbeitsunfähigkeit sowie auf noch eine Woche ihrer erneuten Arbeitsunfähigkeit nach drei Monaten. Für die restlichen zwei Wochen ihrer erneuten Arbeitsunfähigkeit besteht kein Anspruch auf Arbeitsentgelt.

b) Wenn Arbeitsunfähigkeit aufgrund einer anderen Krankheit noch während laufender Arbeitsunfähigkeit einer vorangegangen hiervon unabhängigen Erkrankung eintritt, wird der Zeitraum der Entgeltfortzahlung von höchstens sechs Wochen nach dem Grundsatz der Einheit des Verhinderungsfalls nur einmal ausgelöst. A hat daher für insgesamt sechs Wochen Anspruch auf Entgeltfortzahlung.

c) Gemäß § 3 Abs. 1 S. 2 Nr. 2 EFZG entsteht der Anspruch auf sechswöchige Entgeltfortzahlung trotz wiederholter gleichartiger Krankheit unabhängig von einem Abstand von jeweils sechs Monaten nach § 3 Abs. 1 S. 2 Nr. 1 EFZG nach Ablauf von zwölf Monaten erneut. Die Frist der zwölf Monate beginnt mit dem Eintritt der ersten krankheitsbedingten Arbeitsunfähigkeit, d.h. hier: ab der Magenoperation der A. Da der Zwölf-Monats-Zeitraum nach § 3 Abs. 1 S. 2 Nr. 2 EFZG bei A erfüllt ist, hat sie Anspruch auf volle Entgeltfortzahlung nach §§ 3 Abs. 1, 4 Abs. 1 EFZG für die zuletzt eingetretenen vier Wochen Arbeitsunfähigkeit aufgrund ihres alten Magenleidens.

d) Gemäß § 1 Abs. 1 Nr. 1 und Nr. 2 AAG besteht für X, da in seinem Betrieb nicht mehr als dreißig Arbeitnehmer ausschließlich der Auszubildenden beschäftigt sind, ein Erstattungsanspruch gegenüber der Krankenkasse in Höhe von 80 % der nach § 3 Abs. 1 EFZG geleisteten Entgeltfortzahlung sowie der hierauf entfallenen Sozialabgaben.

Lösungsvorschlag Fall 50:

a) Ja: Es liegt kein grobes Verschulden gegen sich selbst vor, das einen Anspruch nach § 3 Abs. 1 EFZG ausschließen würde: Allein die Tatsache, dass sich A mit einem Bierzeltbesuch in eine Situation begeben hat, in der es immer mal wieder zu Schlägereien kommen kann, reicht für Verschulden nach § 3 EFZG nicht aus. A selbst hat die Schlägerei nicht veranlasst.

b) Nein: Der verletzungsbedingte Verkehrsunfall ist auf eine schuldhafte Missachtung der Pflichten des A als Verkehrsteilnehmer zurückzuführen. Es liegt anspruchsausschließendes Verschulden nach § 3 Abs. 1 EFZG vor.

c) Ja: Ein Verschulden nach § 3 Abs. 1 EFZG wird bei „gefährlichen Sportarten" bejaht, wozu Handball nach der bisherigen Rechtsprechung des BAG nicht zählt. Ansonsten ist auch kein Anhaltspunkt gegeben, dass A besonders leichtfertig gegen die anerkannten Regeln der Sportart verstoßen hat oder offensichtlich hiervon überfordert war.

> **TIPP:**   Achtung: Verschulden i.S.d. § 3 EFZG geht über den auch Fahrlässigkeit umfassenden Verschuldensbegriff des § 276 BGB hinaus und liegt erst vor bei grobem Verstoß gegen das eigene Interesse eines verständigen Menschen, also bei besonders leichtfertigem oder vorsätzlichen Verhalten („Verschulden gegen sich selbst")!

d) Ja: Der Anspruch auf Entgeltfortzahlung im Krankheitsfall nach § 3 EFZG wird gemäß § 8 Abs. 1 S. 1 EFZG nicht dadurch berührt, dass der Arbeitgeber aus Anlass der Arbeitsunfähigkeit kündigt. A hat gegen X den vollen Entgeltfortzahlungsanspruch für vier Wochen seiner Arbeitsunfähigkeit unabhängig von der wirksamen Beendigung des Arbeitsverhältnisses als solchen bereits zwei Wochen nach der Kündigung.

Lösungsvorschlag Fall 51:

a) A hat einen Anspruch auf Mutterschutzlohn nach § 18 MuSchG: Aufgrund vorzeitiger Entbindung wird für A die eine nicht verbrauchte Woche der sechswöchigen Mutterschutzfrist vor der Entbindung nach § 3 Abs. 1 MuSchG gemäß § 3 Abs. 2 S. 3 MuSchG der ansonsten 8-wöchigen Mutterschutzfrist nach der Entbindung hinzugerechnet. Nach Ablauf dieser insgesamt 9-wöchigen Mutterschutzfrist nach der Entbindung besteht für A aufgrund ärztlich attestierter eingeschränkter Leistungsfähigkeit ein weiteres Beschäftigungsverbot nach § 16 Abs. 2 MuSchG, das eine die Leistungsfähigkeit der Mutter übersteigende Arbeit verbietet. Während des Beschäftigungsverbots nach § 16 Abs. 2 MuSchG richtet sich die Vergütung nach § 18 MuSchG. A hat Anspruch auf ihr ungekürztes Arbeitsentgelt in Höhe des Durchschnittsverdienstes der letzten drei abgerechneten Monate vor Beginn des ersten Schwangerschaftsmonats.

> **TIPP:**   Nicht jede vorzeitige Entbindung ist eine „Frühgeburt", i.S.d. § 3 Abs. 2 Nr. 1 MuSchG. Eine Frühgeburt setzt voraus, dass bestimmte medizinisch festgelegte Reifezeichen noch nicht ausgebildet sind bzw. dass das Geburtsgewicht unter 2500 g liegt. Die zusätzlich in § 3 Abs. 2 S. 3 MuSchG geregelte Verlängerung der Mutterschutzfrist nach der Entbindung um die Zeit der nicht verbrauchten Frist nach § 3 Abs. 1 MuSchG gilt jedoch für jegliche vorzeitige Entbindung.

b) X hat gemäß § 1 Abs. 2 Nr. 2 und Nr. 3 AAG einen Erstattungsanspruch gegen die Krankenkasse in ungekürzter Höhe des nach § 18 MuSchG weitergezahlten Bruttolohns. Dieser Erstattungsanspruch des Arbeitgebers besteht unabhängig von der Beschäftigtenzahl des Betriebes.

Lösungsvorschlag Fall 52:

a) Nach einer Entbindung von Zwillingen tritt ein Beschäftigungsverbot von zwölf Wochen gemäß § 3 Abs. 2 Nr. 2 MuSchG ein. Während dieses Beschäftigungsverbots hat die Arbeitnehmerin gemäß § 19 MuSchG i.V.m. § 24i SGB V Anspruch auf Mutterschaftsgeld gegenüber der Krankenkasse. Die Höhe des Mutterschaftsgelds ergibt sich aus § 24i Abs. 2 SGB V. Danach wird das kalendertägliche Nettoentgelt der letzten drei abgerechneten Kalendermonate vor Beginn der Schutzfrist des § 3 Abs. 1 MuSchG gezahlt bis zu einer Höchstgrenze von 13 €. Die Schutzfrist des § 3 Abs. 1 MuSchG von sechs Wochen vor dem Entbindungstermin 22. Januar begann am 11. Dezember. Die letzten drei abgerechneten Kalendermonate davor waren November (30 Kalendertage), Oktober (31 Kalendertage) und September (30 Kalendertage). Das durchschnittliche Nettoentgelt beträgt daher 3 × 1.200 €: 91 Tage = 39,56 € täglich. Der Anspruch der A gegenüber der Krankenkasse war jedoch auf 13 € kalendertägliches Mutterschaftsgeld begrenzt.

b) Nach Anrechnung des Mutterschaftsgeldes von kalendertäglich 13 € verbleibt eine auf das durchschnittliche Nettoentgelt offene Restforderung von 26,56 € kalendertäglich. Diesen Betrag hat X gemäß § 24i Abs. 2 S. 4 SGB V i.V.m. § 20 Abs. 1 MuSchG für die Dauer des Mutterschutzes zuzuschießen.

c) Gemäß § 21 Abs. 2 Nr. 1 MuSchG bleibt einmalig gezahltes Arbeitsentgelt bei der Bemessungsgrundlage des durchschnittlichen Arbeitsentgelts außer Betracht. Die Höhe des Zuschusses verändert sich daher nicht.

d) Ja: X hat gemäß § 1 Abs. 2 Nr. 1 AAG Anspruch auf volle Erstattung des an A gezahlten Zuschusses nach § 20 MuSchG gegenüber der Krankenkasse.

bb) Annahmeverzug und Arbeitsverhinderung

Lösungsvorschlag Fall 53:

a) Nein: Gemäß § 616 BGB verliert der Arbeitnehmer seinen Entgeltanspruch nicht, wenn er für eine verhältnismäßig unerhebliche Zeit durch einen in seiner Person liegenden Grund ohne Verschulden an der Dienstleistung verhindert wird. Als derartige Gründe gelten auch familiäre Ereignisse, z.B. das Begräbnis naher Angehöriger wie bei A.

b) Ja: A hat weder aufgrund krankheitsbedingter Arbeitsunfähigkeit nach § 3 EFZG Anspruch auf Lohn ohne Arbeitsleistung noch aufgrund unverschuldeter persönlicher Arbeitsverhinderung nicht erheblicher Dauer gemäß § 616 BGB. Sofern möglich – wie hier – ist ein Arztbesuch außerhalb der arbeitsvertraglichen Dienstzeiten zu legen. Die Arbeitsverhinderung der A war somit nicht unverschuldet. Der Vergütungsanspruch nach § 611a BGB ist für diese Zeit nicht entstanden.

Lösungsvorschlag Fall 54:

X hat die A gemäß des unabdingbaren § 629 BGB für ein Vorstellungsgespräch im – wie hier – angemessenen Zeitrahmen freizustellen. Er muss sie also zum Vorstellungs- termin gehen lassen.

Der Vergütungsanspruch in dieser Zeit ergäbe sich aus § 616 BGB während der vor- übergehenden persönlichen Arbeitsverhinderung aufgrund Wahrnehmung des Vor- stellungsgesprächs. Der Anspruch nach § 616 BGB kann jedoch wirksam vertraglich ausgeschlossen werden. Dies ist im zwischen A und X geschlossenen Arbeitsvertrag er- folgt. Daher hat A keinen Anspruch auf Lohn ohne Arbeit aus § 616 BGB in der Zeit ihrer Abwesenheit aufgrund des Vorstellungsgesprächs. Mangels Arbeitsleistung be- steht hierfür kein Entgeltanspruch nach § 611a BGB.

> **TIPP:** Vermerken Sie sich neben § 616 BGB dessen Abdingbarkeit! Dies können Sie z.B. auch durch Verweis auf § 619 BGB. Warum? Die Abdingbarkeit des § 616 BGB wird aus dem Umkehrschluss zu § 619 BGB hergeleitet, der nur die Fürsorgepflichten nach §§ 617 und 618 BGB für zwingend erklärt.

Lösungsvorschlag Fall 55:

Sofern die Erkrankung naher Angehöriger die häusliche Betreuung durch den Arbeit- nehmer erforderlich macht, besteht ein Anspruch auf Entgelt nach § 616 BGB. Bei der Pflege von erkrankten Kindern wird dies regelmäßig bis zu einer Altersgrenze von zwölf Jahren (entsprechend § 45 SGB V) bejaht. Der die Betreuung der 7-jährigen Susi betreffende Zeitraum von vier Tagen stellt gemäß § 616 BGB eine Arbeitsverhinderung von „nicht erheblicher Dauer" dar. Für A besteht Anspruch auf Entgeltfortzahlung.

> **TIPP:** Der unbestimmte Rechtsbegriff der „nicht erheblichen Zeit" der Arbeitsverhin- derung nach § 616 BGB ist hinsichtlich der Dauer bei Betreuung naher Angehöriger bzw. erkrankter Kinder umstritten. Bisher ging die Rechtsprechung von bis zu fünf Tagen aus. Seit Einführung der „kurzzeitigen" Pflegefreistellung bis zu zehn Tagen nach § 2 PflegeZG wird diesem Zeitrahmen von der herrschenden Meinung in der Literatur für die Auslegung des Begriffs der vorübergehenden Arbeitsverhinderung nicht erheblicher Dauer wegen Pflege naher Angehöriger bzw. erkrankter Kinder im Rahmen des § 616 BGB ausfüllende Hinweisfunktion zuerkannt.

Lösungsvorschlag Fall 56:

a) Ja: A nimmt ihren Freistellungsanspruch bei akut aufgetretener Pflegesituation auf bis zu zehn Arbeitstage gemäß § 2 Abs. 1 PflegeZG wahr. Gemäß § 2 Abs. 3 PflegeZG besteht für diese Zeit kein Entgeltanspruch aus § 2 PflegeZG, sondern al- lenfalls aus anderen gesetzlichen Vorschriften. Der Entgeltanspruch der A ergibt sich aus § 616 BGB. Die Kurzzeitpflege naher Angehöriger entspricht einer vorü- bergehenden persönlichen Arbeitsverhinderung i.S.d. § 616 BGB.

> **TIPP:**
> • Verweisen Sie bei § 2 Abs. 3 PflegeZG auf § 616 BGB!
> • Subsidiär zu dem Entgeltanspruch nach § 616 BGB gegen den Arbeitgeber be- steht seit 1.1.2015 ein Anspruch auf Pflegeunterstützungsgeld gegenüber der

> Pflegeversicherung gemäß § 44a Abs. 3 SGB XI für kurzzeitige Arbeitsverhinderung nach § 2 PflegeZG in entsprechender Höhe des Krankengelds bei Betreuung erkrankter Kinder nach § 45 Abs. 2 SGB V.

b) Nein: Weder ergibt sich aus dem PflegeZG ein Entgeltanspruch während der Pflegezeit nach § 3 PflegeZG, noch ist § 616 BGB anwendbar, da es sich bei der über zehn Tage hinausgehenden Pflegezeit nicht mehr um eine „nicht erhebliche Zeit" der Arbeitsverhinderung gemäß § 616 BGB handelt.

> **TIPP:** Achtung: Die nicht erhebliche Dauer der Arbeitsverhinderung ist vorausgesetztes Tatbestandsmerkmal für den Vergütungsanspruch nach § 616 BGB. Eine längere Verhinderung macht den Anspruch insgesamt unanwendbar! Allenfalls könnte eine auf 10 Tage begrenzte Vergütung angenommen werden, wenn A zunächst akute Kurzzeitpflege von 10 Tagen in Anspruch genommen hätte und danach Pflegezeit in Anspruch genommen hätte.

Lösungsvorschlag Fall 57:

a) Ein unverschuldeter Verkehrsunfall wird den vorübergehenden Verhinderungsfällen aus der persönlichen Sphäre des Arbeitnehmers im Sinne des § 616 BGB zugerechnet. A hat gemäß § 616 BGB Anspruch auf unreduzierte Entgeltzahlung.

b) Für ein objektives Leistungshindernis, das eine Vielzahl von Arbeitnehmern gleichzeitig betrifft – also nicht der individuellen, persönlichen Sphäre des Arbeitnehmers zuzurechnen ist – gilt § 616 BGB nicht. In diesen Fällen sind die Grundsätze des Betriebsrisikos gemäß § 615 S. 3 BGB anzuwenden. Danach trägt der Arbeitnehmer das Risiko, rechtzeitig den Arbeitsort zu erreichen (= Wegerisiko), da der Weg zur Arbeit der Sphäre des Arbeitnehmers und nicht des Arbeitgebers zugerechnet wird. B muss sich die wegen allgemeiner Verkehrsstörung eingetretene Verspätung von einer Stunde von seinem Entgeltanspruch abziehen lassen.

c) Entsprechend § 616 BGB gilt für Auszubildende § 19 Abs. 1 Nr. 2b BBiG für Fälle der unverschuldeten persönlichen Verhinderung. Hierunter zählt auch die Wahrnehmung eines Gerichtstermins. Die so begründete Abwesenheit der C reduziert ihren Vergütungsanspruch gegen X daher nicht.

> **TIPP:** Verweisen Sie am Rand des § 19 Abs. 1 Nr. 2b BBiG auf § 25 BBiG! Warum? Im Unterschied zu § 616 BGB ist die Entgeltfortzahlung im Fall unverschuldeter persönlicher Arbeitsverhinderung bei Auszubildenden unabdingbar.

d) Betriebsstörungen sind der Sphäre des Arbeitgebers zuzurechnen. Da der Arbeitgeber mit der Annahme der Arbeitsleistung in diesen Fällen in Verzug gerät, besteht gemäß § 615 S. 3 BGB ungekürzter Anspruch auf Vergütung für die Arbeitnehmer sowie dementsprechend für die Auszubildenden gemäß § 19 Abs. 1 Nr. 2a BBiG.

e) Gemäß § 19 Abs. 1 Nr. 2a BBiG besteht ein Vergütungsanspruch, wenn der Auszubildende sich für die Berufsausbildung bereit hält, diese aber ausfällt. E hat sich am Morgen des Donnerstag jedoch nicht für die Arbeit bzw. Ausbildung bereit gehalten. Die Betriebsstörung war daher für den Ausfall der Beschäftigung der E nicht ursächlich. X kann die Vergütung um die von E verschuldet versäumte Stunde kürzen.

Lösungsvorschlag Fall 58:

Ja: Unabhängig davon, dass die monatliche Vergütung des A mit 450 € einem sozialversicherungsrechtlich als geringfügig zu qualifizierenden Beschäftigungsverhältnis entspricht, besteht ein Arbeitsverhältnis zwischen X und A. Es liegt kein freies Mitarbeiterverhältnis vor, in dem Abrechnungen über jeweils gearbeitete Stunden gestellt werden sollten. Der Arbeitgeber trägt gemäß § 615 S. 3 BGB entsprechend den Grundsätzen des Annahmeverzugs das Wirtschaftsrisiko, dem Arbeitnehmer auch dann die vereinbarte Vergütung nach § 611a Abs. 2 BGB zahlen zu müssen, wenn dieser – wie hier – aufgrund Arbeitsausfall bzw. mangelndem Arbeitsbedarf nicht beschäftigt werden kann.

Lösungsvorschlag Fall 59:

a) Ja: Der Entgeltanspruch der A ergibt sich aufgrund Annahmeverzug des Arbeitgebers gemäß § 615 BGB i.V.m. § 293 ff. BGB nach folgenden Voraussetzungen:

Es besteht ein nicht wirksam beendetes Arbeitsverhältnis bis Ende Juni.

Die Erfüllung der Arbeitsleistung durch A ist möglich.

Die weitere Voraussetzung des Arbeitsangebots durch den Arbeitnehmer wird nach ständiger Rechtsprechung des BAG regelmäßig bei einer unwirksamen Kündigung bejaht. In diesem Fall geht man im Sinne § 296 BGB davon aus, dass der Arbeitgeber rechtswidrig die kalendermäßig bestimmte Mitwirkungspflicht der Arbeitszuweisung nicht rechtzeitig vorgenommen hat und hierauf beharrt. In Anbetracht der unwirksamen außerordentlichen Kündigung ist ein tatsächliches oder wörtliches Arbeitsangebot der A entbehrlich.

A hat gemäß § 615 S. 1 BGB Anspruch auf seit dem 15. Mai bis Ende Juni aufgelaufenes Gehalt. Anderweitiger bzw. böswillig unterlassener Verdienst für diese Zeit gemäß § 615 S. 2 BGB ist bei A nicht anzurechnen.

b) Aufgrund krankheitsbedingter Arbeitsunfähigkeit bestand von 15. bis 22. Mai mangels möglicher Arbeitserfüllung zwar kein Lohnanspruch aufgrund Annahmeverzug nach § 615 BGB, jedoch der Entgeltfortzahlungsanspruch nach § 3 Abs. 1 EFZG. Nach wiedererlangter Leistungsfähigkeit ab dem 23. Mai bestand der Entgeltanspruch wegen Annahmeverzugs des Arbeitgebers, der mit seiner fristlosen Kündigung jegliche Weiterbeschäftigung abgelehnt hat. Eine Anzeige der wiedererlangten Arbeitsfähigkeit ist nicht nötig.

> **TIPP:** Die für den Lohnanspruch aus Annahmeverzug nach § 615 BGB nicht vorausgesetzte Anzeige wiedererlangter Arbeitsfähigkeit nach einer unwirksamen Kündigung als pure Förmelei bzw. nach der Zäsur einer Kündigung entfallene Anzeigepflicht des Arbeitnehmers entspricht der herrschenden Meinung und Rechtsprechung des BAG, wenngleich die Frage nach wie vor umstritten ist (vgl. Erfurter ArbR-Kommentar 2018, Rn. 51 ff. zu § 615 BGB).

cc) Erholungsurlaub

Lösungsvorschlag Fall 60:

a) Gemäß § 3 Abs. 1 BUrlG beträgt der gesetzliche Jahresurlaubsanspruch mindestens 24 Werktage. Als Werktage gelten gemäß § 3 Abs. 2 BUrlG alle Kalendertage außer Sonn- und Feiertagen, also auch Samstage. Bei einer Fünf-Tage-Woche ist der auf eine Sechs-Tage-Woche angesetzte Jahresurlaub von 24 Werktagen wie folgt umzurechnen: 24 Tage Jahresurlaub: 6 Werktage $\times$ 5 Wochenarbeitstage = 20 Arbeitstage als Jahresurlaub.

Der Jahresurlaub wird gemäß § 4 BUrlG erstmals nach sechsmonatigem Bestehen erworben. Danach kann die am 1. April in ihr Arbeitsverhältnis eingetretene A im Eintrittsjahr den vollen Jahresurlaub von zwanzig Tagen beanspruchen.

b) Da die am 1. September eingetretene A die Wartezeit von sechs Monaten in diesem Jahr nicht erfüllen kann, erwirbt sie gemäß § 5 Abs. 1 Nr. a) BUrlG einen Teilurlaub von je 1/12tel des Jahresurlaubs pro vollen Monat; hier: 4/12tel von 20 = 6,66 Urlaubstage.

Gemäß § 5 Abs. 2 BUrlG sind aufgrund der Zwölftelung nach § 5 Abs. 1 BUrlG entstehende Bruchteile von Urlaubstagen, die mindestens einen halben Tag ergeben, auf volle Urlaubstage aufzurunden; hier: 6,66 = aufgerundet 7 Urlaubstage.

c) A kann gemäß § 7 Abs. 3 S. 4 BGB verlangen, dass der im Eintrittsjahr erworbene Teilurlaub nach § 5 Abs. 1 Nr. a) BGB auf das Folgejahr übertragen wird.

Lösungsvorschlag Fall 61:

a) Ja: Gemäß § 13 Abs. 1 S. 3 BUrlG ist der gesetzliche Mindesturlaub nicht zuungunsten des Arbeitnehmers einzelvertraglich abdingbar. Dieser würde für A bei einer 5-Tage-Woche gemäß § 3 BUrlG (24 Tage Jahresurlaub 6 Werktage $\times$ 5 Wochenarbeitstage) 20 Urlaubstage betragen. Die Vertragsklausel über 22 Arbeitstage als Jahresurlaub erfüllt bzw. übersteigt den gesetzlichen Mindesturlaub von hier 20 Tagen und weicht somit nicht zuungunsten des Arbeitnehmers von § 3 BUrlG ab. Die Klausel ist wirksam.

b) Nein: Gemäß §§ 1, 11 BUrlG hat der Arbeitnehmer für die Zeit seines Erholungsurlaubs Anspruch auf ungekürzte Fortzahlung seines durchschnittlichen Arbeitsverdienstes entsprechend der letzten dreizehn Wochen vor Urlaubsbeginn. Die nur 90 %-ige Entgeltfortzahlung weicht hiervon zuungunsten des Arbeitnehmers ab. Die Klausel ist gemäß § 13 Abs. 1 S. 3 BUrlG unwirksam.

c) Nein: Der Anspruch auf Urlaubsabgeltung nach § 7 Abs. 4 BUrlG ist gemäß § 13 Abs. 1 S. 3 BUrlG unabdingbar. Hiervon kann auch nicht für den Fall einer vom Arbeitnehmer veranlassten fristlosen Kündigung zuungunsten des Arbeitnehmers einzelvertraglich abgewichen werden.

> **TIPP:** Nach. § 13 Abs. 1 S. 3 BUrlG sind nur einzelvertragliche Regelungen unwirksam, die den Urlaubsabgeltungsanspruch ausschließen. Gemäß Urteil des BAG vom 14.5.2013 zu 9 AZR 844/11 ist ein freiwilliger einseitiger Verzicht des Arbeitnehmers auf Urlaubsabgeltung wirksam.

Lösungsvorschlag Fall 62:

Gemäß § 1 Abs. 1 Nr. 1, § 2 Abs. 2 JArbSchG sind für die minderjährige N die Schutz-vorschriften des JArbSchG anwendbar. Desweiteren gelten gemäß § 2 S. 1 BUrlG auch für Auszubildende die Urlaubsbestimmungen des BUrlG.

N ist zu Beginn des Jahres noch nicht 16 Jahre alt. Gemäß § 19 Abs. 2 Nr. 1 JArbSchG stehen N daher 30 Werktage Jahresurlaub zu. Werktage sind nach § 19 Abs. 4 S. 1 JArbSchG i.V.m. § 3 Abs. 2 BUrlG auf eine Sechs-Tage-Woche umzurechnen. Der Jah-resurlaub für N beträgt 30 Tage Jahresurlaub: 6 Werktage $\times$ 5 Wochenarbeitstage = 25 Arbeitstage. Die am 1. März eingestellte N erfüllt im Jahr ihrer Einstellung die War-tezeit von sechs Monaten gemäß § 19 Abs. 4 S. 1 JArbSchG i.V.m. § 4 BUrlG. Es ent-steht der volle Jahresurlaubsanspruch, von dem achtzehn genommene Urlaubstage abzuziehen sind = Resturlaubsanspruch 7 Urlaubstage.

> **TIPP:** Markieren Sie sich § 19 Abs. 4 JArbSchG als Verweisungsnorm auf das BUrlG und unterstreichen Sie darin insbesondere die Verweisung auf § 3 Abs. 2 des BUrlG! Warum? Weil Sie damit den Fehler vermeiden, Werktage statt auf eine Sechs-Tage-Wo-che nach § 3 Abs. 2 BUrlG auf eine „Fünf-Tage-Woche" bei Jugendlichen nach § 15 JArbSchG umzurechnen. § 15 JArbSchG gilt nicht für Urlaub, sondern nur bezogen auf Arbeitszeitbegrenzungen bei Jugendlichen.

Lösungsvorschlag Fall 63:

a) Gemäß § 17 Abs. 1 BEEG kann der Arbeitgeber den Anspruch auf Erholungsurlaub während der Elternzeit für jeden Monat der Elternzeit um ein Zwölftel kürzen, wenn – wie hier – der Elternzeitberechtigte bei seinem Arbeitgeber keine Teilzeit während der Elternzeit geleistet hat. Die Erklärung der Kürzung muss der Arbeitge-ber nicht zu Beginn der Elternzeit abgeben, sondern kann dies auch während oder nach der Elternzeit. X kann also die Urlaubskürzung noch erklären.

   Der Urlaubsanspruch beträgt gemäß § 3 BUrlG 24 Tage Jahresurlaub: 6 Werktage $\times$ 3 Wochenarbeitstage = 12 Tage Jahresurlaub. Nach Kürzung von 3/12teln für 3 Monate Elternzeit bleiben noch 9/12tel, also 12 : 12 $\times$ 9 = 9 Tage. Abzüglich der genommenen 6 Tage Urlaub sind aus dem Jahr ihrer Rückkehr noch 3 Urlaubs-tage in das Folgejahr zu übertragen. Gemäß § 7 Abs. 3 S. 3 BUrlG ist die Übertra-gung dieses Urlaubs bis zum 31. März des Folgejahrs begrenzt. Zusätzlich ist der vor der Elternzeit entstandene Resturlaub von weiteren 3 Tagen gemäß § 17 Abs. 2 BEEG bis 31. Dezember des auf die Elternzeit folgenden Jahres zu gewähren.

b) Nein: Teilzeittätigkeit während der Elternzeit bei einem anderen Arbeitgeber – wie hier – schließen das Kürzungsrecht des Arbeitgebers nach § 17 Abs. 1 BEEG nicht aus.

> **TIPP:**
> Vermerken Sie sich neben § 7 Abs. 3 BUrlG die Ausnahmen § 17 Abs. 2 BEEG und § 17 Abs. 2 MuSchG, die eine Übertragung von Resturlaub über den 31. März des Folgejah-res hinaus bis zum Ende des Folgejahres nach der Rückkehr aus Elternzeit bzw. Mutter-schutz gewähren!

> Unterstreichen Sie in § 17 Abs. 1 BEEG die Worte: „... kann ... kürzen" (= keine gesetzliche Rechtsfolge ohne Willenserklärung) und „... bei seinem oder ihrem Arbeitgeber ..." (= Kürzung möglich, wenn Teilzeit bei anderem Arbeitgeber)!

Lösungsvorschlag Fall 64:

a) Da A in der ersten Kalenderjahreshälfte ausscheidet, ist in diesem Jahr gemäß § 5 Abs. 1 c) BUrlG 1/12tel des Jahresurlaubs pro vollen Monat entstanden, hier also 5/12tel des Jahresurlaubs. Da A diesen Urlaubsanspruch aufgrund Beendigung seines Arbeitsverhältnisses nicht mehr wahrnehmen kann, ist der Urlaub gemäß § 7 Abs. 4 BUrlG abzugelten. Der Resturlaub aus dem Vorjahr von 3 Tagen ist nicht zusätzlich abzugelten, da er bereits aufgrund überschrittenem Übertragungszeitraum bis 31.3. gemäß § 7 Abs. 3 BUrlG verfallen ist.

b) Nach europäischem Gemeinschaftsrecht verfassungskonform ausgelegt darf eine den gesamten Übertragungszeitraum des § 7 Abs. 3 BUrlG abdeckende Unerfüllbarkeit des Urlaubs aufgrund krankheitsbedingter Arbeitsunfähigkeit nicht zum Verfall des Urlaubsanspruchs führen. Gleichermaßen wird auch der Urlaubsabgeltungsanspruch nach § 7 Abs. 4 BUrlG als reiner Geldanspruch und nicht mehr als Urlaubssurrogat behandelt. So ist für seine Entstehung keine Arbeitsfähigkeit mehr vorausgesetzt bzw. entfällt er nicht bei fortbestehender Arbeitsunfähigkeit. – A kann daher bei seinem Ausscheiden Urlaubsabgeltung für 6/12tel Resturlaub aus dem Vorjahr sowie gemäß § 5 Abs. 1 c) BUrlG für 5/12tel bis 31. Mai entstandenen Urlaub beanspruchen.

> **TIPP:** Fall b) entspricht der Rechtsprechung des BAG in seinem Urteil vom 24.3.2009 zu 9 AZR 983/07, worin das BAG die das Urlaubsrecht der Mitgliedstaaten umwälzende Entscheidung des EuGH vom 20.1.2009 zu Rs. C 350/06 und C 520/06 bezogen auf § 7 Abs. 3 BUrlG und § 7 Abs. 4 BUrlG umsetzt. Gemäß Urteil des EuGH vom 22.11.2011 zu Rs. C-214/10 bzw. des BAG vom 7.8.2012 zu 9 AZR 353/10 wurde der ausgeweitete Übertragungszeitraum jedoch auf höchstens 15 Monate nach Ablauf des Urlaubsjahres begrenzt.

Lösungsvorschlag Fall 65:

Für S mit einer 50%-igen Schwerbehinderung gelten nach § 2 II SGB IX die Bestimmungen des SGB IX. Nach § 208 SGB IX steht schwer behinderten Arbeitnehmern ein Zusatzurlaub von fünf Arbeitstagen im Jahr bei einer Fünf-Tage-Woche zu, bei mehr oder weniger Wochenarbeitstagen entsprechend mehr oder weniger Zusatzurlaubstage. Da S an drei Arbeitstagen pro Woche beschäftigt ist, stehen S drei Zusatzurlaubstage im Jahr zu. Es ergibt sich nach § 3 BUrlG 24 Tage Jahresurlaub: 6 Werktage $\times$ 3 Wochenarbeitstage = 12 Tage Jahresurlaub zuzüglich 3 Tage Zusatzurlaub nach § 208 SGB IX = gesamt 15 Urlaubstage.

Die drei Tage, an denen S während des Urlaubs nachgewiesen arbeitsunfähig krank war, werden gemäß § 9 BUrlG nicht auf den Erholungsurlaub angerechnet. Es verbleibt ein Resturlaub von 15 – 7 = 8 Tagen.

> **TIPP:** Vermerken Sie neben § 208 Abs. 1 SGB IX den § 151 Abs. 3 SGB IX! Warum? Danach besteht kein Zusatzurlaubsanspruch für nicht zu 50 % schwerbehinderten, sondern nur schwerbehinderten gleichgestellten Menschen.

Lösungsvorschlag Fall 66:

a) Die vertragliche Urlaubsbemessung von dreißig Tagen übersteigt den gesetzlichen Mindesturlaub, der sich nach § 3 BUrlG wie folgt berechnen würde: 24 Werktage: 6 × 5 Wochenarbeitstage = Jahresurlaub von mindestens 20 Arbeitstagen. Da nach § 13 Abs. 1 S. 3 BUrlG lediglich einzelvertragliche Abweichungen zuungunsten der Arbeitnehmer ausgeschlossen sind, ist eine günstigere Urlaubsvereinbarung wie hier wirksam. Im Jahr der Anstellung der A seit 1. Juli konnte die Wartezeit von sechs Monaten gemäß § 4 BUrlG nicht erfüllt werden, da der Tag des Beginns des Arbeitsverhältnisses gemäß § 187 BGB bei der Fristberechnung nicht mitzählt. Gemäß § 5 Abs. 1 Nr. a) BUrlG sind im Einstellungsjahr 6/12tel des Jahresurlaubs entstanden = 30 : 12 × 6 = 15 Tage.

b) Im März des auf die Einstellung am 1. Juli folgenden Jahres ist die Wartezeit des sechsmonatigen Bestands des Arbeitsverhältnisses erfüllt. Nach Erfüllung der Wartezeit entsteht gemäß § 4 BUrlG der Jahresurlaub stets bereits zu Beginn des Urlaubsjahrs in vollem Umfang. A kann somit bereits im März für das neu begonnene Jahr den vollen Urlaub von dreißig Tagen verlangen.

c) Nein: Gemäß § 5 Abs. 3 BUrlG kann der Arbeitgeber Urlaubsentgelt nicht zurückfordern, wenn der Arbeitnehmer aufgrund vorzeitigen Ausscheidens nach § 5 Abs. 1 c) BUrlG weniger Urlaub zu beanspruchen gehabt hätte, als er bereits darüber hinaus erhalten hat. X hat also keinen mit Lohn verrechenbaren Erstattungsanspruch gegen A.

Lösungsvorschlag Fall 67:

a) Der vertragliche Jahresurlaub von zwanzig Arbeitstagen bei einer Drei-Tage-Woche übersteigt den gesetzlichen Mindesturlaub, der sich nach § 3 BUrlG wie folgt berechnen würde: 24 Werktage: 6 × 3 Wochenarbeitstage = Jahresurlaub von mindestens 12 Arbeitstagen. Da nach § 13 Abs. 1 S. 3 BUrlG lediglich einzelvertragliche Abweichungen zuungunsten der Arbeitnehmer ausgeschlossen sind, ist diese günstigere vertragliche Urlaubsbemessung wirksam. Die Wartezeit des sechsmonatigen Bestands des Arbeitsverhältnisses gemäß § 4 BUrlG ist bei dem seit zwei Jahren bestehenden Arbeitsverhältnis der A erfüllt. Da A jedoch in der ersten Hälfte des Kalenderjahres zum 30. Juni aus dem Arbeitsverhältnis ausscheidet, entsteht nach § 5 Abs. 1 Nr. c) BUrlG ein Urlaubsanspruch auf je 1/12 für jeden vollen Monat des Jahres = 6/12 = 20 : 12 x 6 = 10 Arbeitstage im Jahr des Ausscheidens der A.

b) Am 1. Juli ist die erste Hälfte des Kalenderjahres überschritten. Die sechsmonatige Wartezeit des § 4 BUrlG ist für das seit zwei Jahren bestehende Arbeitsverhältnis der A erfüllt. Es ist keine Fallgruppe des Teilurlaubs nach § 5 Abs. 1 Nr. a)–c) BUrlG gegeben. Die A hat den vollen Jahresurlaubsanspruch von zwanzig Tagen erworben. Abzüglich der genommenen acht Tage Urlaub verbleibt ein Resturlaubsanspruch von zwölf Tagen. Da der Resturlaub aufgrund Beendigung des Arbeitsverhältnisses am 1. Juli zum 2. Juli der A nicht mehr gewährt werden kann, ist er gemäß § 7 Abs. 4 BUrlG abzugelten. Die Höhe der Urlaubsabgeltung ist wie folgt zu berechnen:

Gesamtverdienst der letzten 13 Wochen (= der letzten 3 Monate) geteilt durch 39 Arbeitstage (= Divisor bei 3-Tage-Woche) multipliziert mit der Zahl der Resturlaubstage ergibt für A bei einem Monatsgehalt von 1.300 € folgenden Abgeltungsanspruch: 3.900 €: 39 × 12 = 1.200,00 €.

TIPP: Zur Ermittlung des für einen Urlaubstag anzusetzenden Entgelts ist der Gesamtverdienst der letzten 13 Wochen bei einer Fünf-Tage-Woche mit dem Divisor 65 zu teilen, bei einer Sechs-Tage-Woche mit dem Divisor 78.

Lösungsvorschlag Fall 68:

Gemäß § 5 Abs. 1 a) BUrlG würde wegen im Jahr der Einstellung ab Oktober unerfüllbarer sechsmonatiger Wartezeit nach § 4 BUrlG ein Anspruch auf 3/12tel des Jahresurlaubs gegenüber Y entstehen. Soweit der Jahresurlaubsanspruch des A jedoch bereits von seinem früheren Arbeitgeber X gewährt worden wäre, bestünde der Anspruch gegenüber dem neuen Arbeitgeber gemäß § 6 Abs. 1 BUrlG nicht. X hat dem A jedoch nur 8/12tel des Jahresurlaubs gewährt und nach § 6 Abs. 2 BUrlG bescheinigt. Somit ist der Teilurlaubsanspruch der 3/12tel gegenüber Y nicht gemäß § 6 Abs. 1 BUrlG entfallen. Hieran ändert auch nichts, dass X den vollen Jahresurlaub nach § 4 BUrlG geschuldet hätte und keine Zwölftelung nach § 5 Abs. 1 BUrlG begründbar war. Y kann A nicht auf eine Klage gegen X verweisen.

3. Sonstige Pflichten des Arbeitgebers

Lösungsvorschlag Fall 69:

a) Nein: R hat gemäß § 629 BGB einen Freistellungsanspruch gegen X zur Ermöglichung ihres Vorstellungstermins im Zuge der durch die Kündigung des X erforderlichen Stellensuche der R.

b) Ja: Wird ein Bewerber zur persönlichen Vorstellung aufgefordert, hat er grundsätzlich, sofern nicht zuvor ausgeschlossen, Anspruch auf Erstattung seiner notwendigen Aufwendungen entsprechend § 670 BGB. Y hat bei der Einladung zum Vorstellungstermin diesen Aufwendungsersatz nicht ausdrücklich ausgeschlossen. A kann daher von Y die Erstattung ihrer Fahrtkosten verlangen.

Lösungsvorschlag Fall 70:

a) Nein: Gemäß § 630 S. 4 BGB i.V.m. § 109 Abs. 1 S. 3 GewO, auf dessen Anwendung § 630 S. 4 BGB verweist, ist ein qualifiziertes Arbeitszeugnis mit Angaben zu Leistung und Verhalten des Arbeitnehmers nur auf Verlangen des Arbeitnehmers zu erteilen. Da R dies bisher nicht verlangt hat, ist X hierzu nicht verpflichtet.

b) Krankheitsbedingte Fehlzeiten dürfen grundsätzlich – soweit sie nicht in Ausnahmefällen für die Gesamtbeurteilung von wesentlicher Bedeutung sind – im Zeugnis nicht erwähnt werden. X ist daher verpflichtet, die Angabe der zehn Krankheitstage aus dem Zeugnis der R herauszunehmen.

Auf die von R begehrte Schlussformel besteht jedoch kein Anspruch gegen X. Nach ständiger Rechtsprechung ist eine derartige Schlussformel kein notwendiger Bestandteil eines Arbeitszeugnisses. Der Arbeitgeber kann hierzu nicht verpflichtet werden.

c) Nein: Das Ausstellungsdatum ist grundsätzlich wegen der Urkundenwahrheit der Tag der tatsächlichen Zeugnisausstellung und nicht das rückdatierte Datum des Vertragsendes, zumindest wenn – wie hier – das Zeugnis erst nach dem Ende des Arbeitsverhältnisses verlangt wird und somit zuvor noch keine Pflicht zur Erteilung des qualifizierten Zeugnisses bestand.

d) Nein: Gemäß § 109 Abs. 3 GewO ist die Erteilung des Zeugnisses in elektronischer Form ausgeschlossen.

> **TIPP:** Bei einer nachträglichen Zeugnisberichtigung, auch bei längerem Rechtsstreit insoweit ist das Zeugnis mit dem Ausstellungsdatum des ursprünglichen Zeugnisses zu versehen.

Lösungsvorschlag Fall 71:

Nein: Wenngleich kein gesetzlich geregelter Anspruch auf ein Zwischenzeugnis besteht, ist der Arbeitgeber aufgrund seiner Fürsorgepflicht bzw. nach den Grundsätzen von Treu und Glauben i.S.d. § 242 BGB dazu verpflichtet, ein Zwischenzeugnis zu erteilen, sofern der Arbeitnehmer hierfür einen triftigen Grund hat. Das Arbeitsverhältnis der R wird während der an die Mutterschutzfrist anschließenden Elternzeit für längere Zeit ruhen. Bei einem derartigen Einschnitt in das Vertragsverhältnis ist ein triftiger Grund für die vorläufige Dokumentation der bisherigen Beschäftigungszeit durch ein Zwischenzeugnis zu bejahen.

> **TIPP:** Gleichermaßen als triftige Gründe für den Anspruch auf ein Zwischenzeugnis gelten z.B.: Versetzung, Wechsel des Vorgesetzten, laufender Kündigungsschutzprozess, Betriebsübergang oder beabsichtigter Stellenwechsel.

Lösungsvorschlag Fall 72:

a) Für die minderjährige Auszubildende A gelten gemäß § 1 Nr. 1, § 2 Abs. 2 JArbSchG die Schutzvorschriften des JArbSchG. Nach § 33 JArbSchG hat A nach einem Jahr ihrer Beschäftigung bei X eine ärztliche Bescheinigung über eine erste Nachuntersuchung vorzulegen. Für die volljährige Auszubildende B gelten die Vorschriften des JArbSchG nicht, so auch nicht die Pflicht einer der Beschäftigung vorausgesetzten Erstuntersuchung gemäß § 32 JArbSchG.

b) Ja: Gemäß § 14 Abs. 1 Nr. 5 BBiG haben Ausbildende zwar dafür zu sorgen, dass die Auszubildenden sittlich und körperlich nicht gefährdet werden. Dieser Schutz betrifft minderjährige wie volljährige Auszubildende und ist an § 31 JArbSchG auszurichten. Gemäß § 31 Abs. 2 JArbSchG dürfen an Jugendliche unter 16 Jahren grundsätzlich keine alkoholischen Getränke gegeben werden. Für Jugendliche über

16 Jahren ist das Alkoholverbot auf Branntwein beschränkt. Da sowohl A als auch B bereits über 16 Jahre alt sind, kann X beiden ein Glas Sekt anbieten.

> **TIPP:** Verweisen Sie am Rand des § 14 Abs. 1 Nr. 5 BBiG auf die hiermit korrespondierende Norm des § 31 JArbSchG!

c) Ja: Gemäß § 15 BBiG haben die Auszubildenden Anspruch auf Freistellung für ihre Teilnahme am Berufsschulunterricht. Während dieser Freistellung besteht nach § 19 Abs. 1 Nr. 1 BBiG der Vergütungsanspruch der Auszubildenden fort.

d) Gemäß § 16 Abs. 2 S. 1 BBiG muss das Zeugnis Angaben über Art, Dauer und Ziel der Ausbildung enthalten sowie über die erworbenen beruflichen Fertigkeiten, Kenntnisse und Fähigkeiten des Auszubildenden. Diese Angaben sind auch ohne Verlangen des Auszubildenden in das Zeugnis aufzunehmen, da nur die unter S. 2 des § 16 Abs. 2 BBiG genannten weiteren Angaben zu Verhalten und Leistung ein Verlangen des Auszubildenden voraussetzen.

Lösungsvorschlag Fall 73:

a) Die Verarbeitung von personenbezogenen Daten ist gemäß § 26 Abs. 1 S. 1 BDSG i.V.m. Art. 6 Abs. 1 S. 1 DSGVO ist zum Zweck der Begründung und Durchführung eines Beschäftigungsverhältnisses einschließlich der Entscheidung über die Begründung eines Beschäftigungsverhältnisses zulässig, da die Bewerberdaten hierfür erforderlich sind. Sobald der Zweck weggefallen ist, also nach der negativen Stellenbesetzungsentscheidung sind die Bewerberdaten gemäß Art. 17 DSGVO zu löschen.

> **TIPP:** Art. 17 DSGVO verlangt nach seinem Wortlaut „unverzügliche" Löschung nach Wegfall des Zwecks. Gemäß den Hinweisen der Rechtsanwaltskammern in Abstimmung mit der zuständigen Datenschutzaufsichtsbehörde nach Inkrafttreten der neuen DSGVO ab 25.5.2018 ist wie bisher von einer bis ca. 6 Monate geduldeten Aufbewahrung von Bewerberdaten nach Zugang des Ablehnungsschreiben auszugehen.

b) Ja: Die Verarbeitung der Stammdaten der Beschäftigten ist zur Durchführung des Beschäftigungsverhältnisses erforderlich und somit insoweit gemäß Art. 6 Abs. 1 DSGVO i.V.m. § 26 Abs. 1 S. 1 BDSG zulässig.

Lösungsvorschlag Fall 74:

Nein: Selbst wenn kein diskriminierendes Mobbing der R durch ihr gegenüber entwürdigendes Verhalten aufgrund der Hautfarbe im Sinne § 3 Abs. 3 AGG i.V.m. § 1 AGG vorliegen würde – wovon jedoch hier in Anbetracht der Verhaltensweisen bereits auszugehen ist – wäre auch bei Mobbing außerhalb der Fallgruppen des AGG der Arbeitgeber aufgrund seiner allgemeinen Fürsorgepflicht zu schützenden Maßnahmen hinsichtlich des Allgemeinen Persönlichkeitsrechts der R verpflichtet. Im Bereich des AGG besteht die Pflicht des Arbeitgebers nach § 12 Abs. 3 AGG, geeignete, erforderliche und angemessene Maßnahmen zur Unterbindung zu ergreifen.

Lösungsvorschlag Fall 75:

a) Nein: Unproblematisch ist die stets sachlich gerechtfertigte Differenzierung im Anforderungsprofil einer Stelle nach der Qualität des Ausbildungsabschlusses. Auch die Anforderung einer Mindestberufserfahrung ist als Unterscheidungsmerkmal im Sinne des § 8 Abs. 1 AGG trotz des damit notwendig verbundenen Ausschlusses jüngerer Bewerber als wesentliche Anforderung für die auszufüllende leitende Stelle objektiv gerechtfertigt. Jedoch ist die Begrenzung auf eine Höchstdauer der Berufserfahrung – hier von höchstens zwanzig Jahren – nicht objektiv zu rechtfertigen. In diesem Punkt verstößt die Stellenausschreibung gegen das Benachteiligungsverbot nach § 7 Abs. 1 i.V.m. § 1 AGG bezogen auf das Merkmal des Alters.

b) Gemäß § 15 Abs. 4 S. 1 AGG ist der Entschädigungsanspruch binnen zwei Monaten geltend zu machen. Gemäß § 15 Abs. 4 S. 2 AGG beginnt diese zweimonatige Ausschlussfrist ab Zugang der Ablehnung zu laufen. A muss daher spätestens bis zum 10. Juli gegenüber X ihren Entschädigungsanspruch geltend gemacht haben.

> **TIPP:**
> - Verweisen Sie am Rand des § 15 Abs. 4 AGG auf § 61b ArBGG! Warum? Gemäß § 61b Abs. 1 ArbGG besteht für den Entschädigungsanspruch nach § 15 Abs. 2 AGG eine Klagefrist von drei Monaten nach der außergerichtlichen schriftlichen Geltendmachung.
> - Hinweis für die betriebliche Praxis: Gemäß § 12 Abs. 5 AGG ist außer dem AGG auch § 61b ArbGG durch Aushang oder Auslegung eines Textabdrucks im Betrieb bekannt zu machen.

Lösungsvorschlag Fall 76:

Ja: Unabhängig davon, dass die Weihnachtsgeldzahlung als solche im Betrieb des X unter Freiwilligkeitsvorbehalt steht, nimmt X in diesem Jahr nur Y aus dem ansonsten an alle Betriebsangehörigen gezahlten Weihnachtsgeld aus. Dies ist ein Verstoß gegen das Maßregelungsverbot des § 16 Abs. 1 S. 2 AGG, wonach Beschäftigte, die als Zeugen in einem Prozess bzgl. der Inanspruchnahme von Rechten nach dem AGG ausgesagt haben, nicht benachteiligt werden dürfen. Die Ungleichbehandlung des Y hinsichtlich des Weihnachtsgeldbezugs ist sachlich nicht gerechtfertigt. An Y ist wie an die anderen Arbeitnehmer auch Weihnachtsgeld zu bezahlen.

Lösungsvorschlag Fall 77:

a) Grundsätzlich haftet A für die verschuldete Beschädigung des Eigentums des Arbeitgebers nach § 823 Abs. 1 BGB. Nach den Haftungsgrundsätzen zwischen Arbeitnehmer und Arbeitgeber ist bei mittlerer Fahrlässigkeit anteilig Mitverschulden nach § 254 BGB zu berücksichtigen. Dabei ist zu Lasten des Arbeitgebers zu werten, dass er keine Vollkaskoversicherung abgeschlossen hat. In diesem Fall – so auch hier – haftet der Arbeitnehmer dem Arbeitgeber nur in Höhe des Selbstbehalts, hier also in Höhe von 500 €.

b) Ja: Der Arbeitgeber haftet dem Arbeitnehmer gegenüber entsprechend § 670 BGB auf Aufwendungsersatz für Schäden, die aufgrund dessen betrieblichen Betätigung an Privateigentum des Arbeitnehmers verursacht werden, welches dieser im Rahmen seiner arbeitsvertraglichen Pflichterfüllung auf Verlangen oder zumindest mit Billigung des Arbeitgebers einsetzt. So hat der Arbeitgeber auch ohne Verschulden Unfallschäden am KFZ des Arbeitnehmers zu ersetzen, wenn es – wie hier – mit Billigung des Arbeitgebers ohne Sondervergütung für eine Dienstfahrt eingesetzt war, und der Arbeitgeber ansonsten ein eigenes Fahrzeug bei eigener Gefahrtragung des Unfallrisikos hätte einsetzen müssen. Ein Mitverschulden des A ist nicht anzusetzen. A kann daher seinen Restschaden von 500 € ungekürzt von der Firma X verlangen.

Lösungsvorschlag Fall 78:

a) Nein: X hat seine Pflicht gemäß § 618 Abs. 1 BGB vernachlässigt, die Arbeitsräume so einzurichten und zu unterhalten, dass die Arbeitnehmer gegen Gefahren für ihre Gesundheit ausreichend geschützt sind. Die Verletzung dieser vertraglichen Arbeitsschutzpflicht des Arbeitgebers begründet nach § 280 Abs. 1 BGB einen Schadensersatzanspruch des Arbeitnehmers bzw. auch einen deliktischen Anspruch aus § 823 Abs. 1 BGB wegen der schuldhaft verursachten Körperverletzung. Jedoch greift der Haftungsausschluss nach § 104 Abs. 1 SGB VII, der eine Haftung bei Arbeitsunfällen für Personenschäden nur bei vorsätzlicher Herbeiführung oder bei Wegeunfällen bejaht. Ansonsten ist die Haftung für Personen-schäden ausgeschlossen. Da X nicht vorsätzlich den Arbeitsunfall der R verursacht hat, haftet X hier nicht.

> **TIPP:**   Verweisen Sie am Rand des § 618 Abs. 1 BGB auf die Haftungsbegrenzung nach § 104 SGB VII!

b) Ja: Es besteht ein Anspruch auf Erfüllung der Pflicht des Arbeitgebers zu ausreichenden Arbeitsschutzmaßnahmen nach § 618 Abs. 1 BGB.

Lösungsvorschlag Fall 79:

Die Haftung des Arbeitgebers für schuldhaft – hier fahrlässig – verursachte Personenschäden von Arbeitnehmern nach § 823 BGB ist nach § 104 SGB VII beschränkt auf Vorsatz oder Herbeiführung auf einem nach § 8 Abs. 2 Nr. 1–4 SGB VII versicherten Weg. X hat nicht vorsätzlich gehandelt. Auch handelte es sich hier um eine Dienstfahrt, also nicht um einen versicherten Weg i.S.d § 8 Abs. 2 SGB VII, sondern um einen Betriebsweg nach § 8 Abs. 1 SGB VII. Daher haftet X nicht für den Personenschaden des A. Der Haftungsausschluss nach § 104 Abs. 1 SGB VII umfasst jeden Ersatz für Personenschaden. Daher schuldet X auch kein Schmerzensgeld.

> **TIPP:**
> - Bei nach §§ 104, 105 SGB VII ausgeschlossener Haftung verbleibt es beim Schutz durch die Unfallversicherung. Bei bestehender Haftung für Personenschäden werden die Versicherungsleistungen nach § 104 Abs. 3 SGB VII angerechnet und der Geschädigte kann von der Unfallversicherung nicht umfasstes Schmerzensgeld gemäß § 253 BGB beanspruchen.

- § 105 SGB VII verlangt außer Vorsatz bzw. einem nach § 8 Abs. 2 SGB VII versicherten Weg, dass der Versicherungsfall „durch eine betriebliche Tätigkeit" verursacht wurde. Hierunter wird nicht die Mitfahrgemeinschaft von Kollegen zur Arbeitsstätte gezählt, obwohl es sich um einen Wegeunfall nach § 8 Abs. 2 SGB VII handeln würde.

III. Beendigung des Arbeitsverhältnisses

1. Fälle außerhalb des Kündigungsschutzgesetzes

Lösungsvorschlag Fall 80:

a) Gemäß § 620 Abs. 2 BGB ist ein unbefristetes Arbeitsverhältnis unter Einhaltung der gesetzlichen Kündigungsfristen nach § 622 BGB zu kündigen. Gemäß § 622 Abs. 2 gilt für Arbeitgeberkündigungen eine gestaffelt verlängerte Kündigungsfrist je nach Beschäftigungsjahren. Bei sieben Beschäftigungsjahren gilt nach § 622 Abs. 2 S. 1 Nr. 2 BGB eine Frist von zwei Monaten zum Monatsende. Die Beschränkung gemäß § 622 Abs. 2 S. 2 BGB, wonach die Beschäftigungsjahre erst ab der Vollendung des 25. Lebensjahres des Arbeitnehmers gerechnet werden, gilt wegen Verstoßes gegen das europarechtliche Verbot der Altersdiskriminierung als unanwendbar. Somit ist die Kündigung des Arbeitsverhältnisses der A zum Ende Oktober unwirksam und wirkt erst zum 30. November.

> **TIPP:** Fall 80 entspricht der Rechtsprechung des EuGH vom 19.1.2010 zu C-555/07 und 15.1.2014 zu C-176/12 sowie bezogen auf die deutsche Justiz dem Urteil des BAG vom 9.9.2010 zu 2 AZR 714/08. Daher sind trotz nominell geltendem, aber unanwendbarem § 622 Abs. 2 S. 2 BGB die Beschäftigungsjahre auch vor vollendetem 25. Lebensjahr vollständig zu berücksichtigen.

b) Für die Eigenkündigung der Arbeitnehmer gilt die Kündigungsfrist von vier Wochen zum Fünfzehnten oder Monatsende gemäß § 622 Abs. 1 BGB. Die verlängerten Kündigungsfristen je nach Beschäftigungsdauer gemäß § 622 Abs. 2 BGB sind nur für die Kündigung durch den Arbeitgeber zu berücksichtigen. Daher gilt trotz der bereits 7-jährigen Beschäftigungsdauer für A eine Frist von 4 Wochen für deren Eigenkündigung. Gemäß §§ 187 Abs. 1, 188 Abs. 2 BGB muss die Kündigung zum 31. Oktober dem Arbeitgeber also spätestens am 3. Oktober X zugehen. Eine Verlagerung vom 3. Oktober als gesetzlichem Feiertag auf den folgenden Werktag erfolgt nicht. § 193 BGB ist auf Kündigungsfristen nicht anwendbar, da es sonst zu einer Verkürzung des Laufs der Kündigungsfrist käme.

> **TIPP:** Allerdings muss A in Fall b) darauf achten, dass die Kündigungserklärung bis 3. Oktober tatsächlich bereits zugegangen ist. Bei einer Postzusendung kann erst ab üblicher Leerungszeit des Briefkastens des Empfängers von einem erfolgten Zugang ausgegangen werden. An einem Feiertag ist nicht davon auszugehen, dass der Briefkasten geleert wird.

c) Nein: Nach § 623 BGB bedarf eine Kündigung des Arbeitsverhältnisses zu ihrer Wirksamkeit der Schriftform, wobei § 623 HS 2 BGB ausdrücklich die elektronische Form ausschließt. Die Kündigung per E-Mail ist daher nach §§ 125, 126 BGB nichtig.

Lösungsvorschlag Fall 81:

a) Ja: Die Kündigung eines Auszubildenden ist gemäß § 22 Abs. 1 BBiG während der Probezeit jederzeit ohne Einhaltung einer Kündigungsfrist möglich. Die Probezeit in einem Ausbildungsverhältnis beträgt gemäß § 20 BBiG mindestens ein Monat, höchstens vier Monate. Die nach zwanzig Tagen erklärte Kündigung zum Ende der nächsten Woche ist daher wirksam.

b) Nein: Die sexuelle Identität gehört zu den durch § 1 AGG gegen diesbezügliche Diskriminierung geschützten Gütern. Gemäß § 6 Abs. 1 Nr. 2 ist das AGG auch auf Auszubildende als Beschäftigte im Sinne des AGG anwendbar. Die Kündigung wegen Homosexualität verstößt gegen das Benachteiligungsverbot des § 7 Abs. 1 AGG und ist aufgrund des Verstoßes gegen ein Verbotsgesetz nach § 134 BGB nichtig.

> **TIPP:**   Wie vom BAG mit Urteil vom 18.9.2014 zu 6 AZR 190/12 geklärt, regelt § 2 Abs. 4 AGG keinen Ausschluss des Diskriminierungsschutzes nach AGG bei Kündigungen, sondern es gilt: Im Anwendungsbereich des KSchG sind dessen Bestimmungen vorrangig, wobei das Diskriminierungsverbot in die Konkretisierung der Sozialwidrigkeit eingeht. Kündigungen außerhalb des Bereichs des KSchG werden vom Diskriminierungsschutz des AGG nach §§ 134, 138 BGB erfasst. Daneben ist ein Entschädigungsanspruch nach § 15 Abs. 2 AGG bei diskriminierenden Kündigungen über deren Unwirksamkeit hinaus nicht ausgeschlossen.

c) Nein: Die Kündigungserklärung eines Ausbildungsverhältnisses bei Minderjährigen muss gegenüber deren gesetzlichen Vertretern erfolgen. Ansonsten ist sie als eine gegenüber einem beschränkt Geschäftsfähigen im Sinne des § 106 BGB nicht lediglich rechtlich vorteilhafte Erklärung gemäß § 131 Abs. 2 BGB nicht wirksam zugegangen. Die erweiterte Geschäftsfähigkeit nach § 113 BGB aufgrund Ermächtigung durch die gesetzlichen Vertreter zur Aufnahme von Dienst- oder Arbeitsverhältnissen bis hin zu deren Beendigung gilt nicht für Ausbildungsverhältnisse, da der Ausbildungszweck im Vordergrund steht. Die gegenüber dem 17-jährigen N erklärte Kündigung ist daher unwirksam.

d) Nein: Nach Ablauf der gemäß § 20 BBiG höchstens viermonatigen Probezeit eines Ausbildungsverhältnisses ist eine ordentliche Kündigung durch den Ausbildenden gemäß § 22 Abs. 2 BBiG ausgeschlossen. Die Kündigung ist daher unwirksam.

Lösungsvorschlag Fall 82:

a) Nein: Gemäß § 623 BGB bedarf die Beendigung von Arbeitsverhältnissen – gleichermaßen ob durch Kündigung oder Auflösungsvertrag – zu ihrer Wirksamkeit der Schriftform. Die gesetzliche Schriftform wird bei einem Vertrag gemäß § 126 Abs. 2 BGB nur dann gewahrt, wenn beide Parteien auf derselben Urkunde unterschreiben. Die Annahme des Vertragsangebots im Wege eines gesonderten Antwortschreibens reicht hierfür nicht aus. Es ist kein wirksamer Aufhebungsvertrag zustande gekommen.

b) Ja: Sowohl für den Abschluss eines Arbeitsvertrags als auch für dessen Beendigung gilt Vertragsfreiheit im Sinne des Art. 2 GG. Die Vertragsparteien können unabhängig von die einseitige Kündigungserklärung beschränkenden Bestimmungen vertraglich wirksam jederzeit die Beendigung des Arbeitsverhältnisses unter Wahrung der Schriftform nach § 623 BGB vereinbaren. So ist es für die Wirksamkeit des Aufhebungsvertrags zwischen A und X unschädlich, dass die für eine Arbeitgeberkündigung der A nach § 622 Abs. 2 S. 1 Nr. 1 BGB geltende Frist von einem Monat zum Monatsende am 1. April zum Ende April nicht mehr gewahrt werden könnte. Auch hat eine Verletzung der Fürsorgepflicht des Arbeitgebers zur sozialversicherungsrechtlichen Aufklärung keine Konsequenz für die Wirksamkeit des Aufhebungsvertrags.

c) Ja: Wie zu b) ausgeführt ist aufgrund Vertragsfreiheit der grundsätzliche Ausschluss einer ordentlichen Kündigung befristeter Arbeitsverhältnisse nach § 15 Abs. 3 TzBfG für die Wirksamkeit eines Aufhebungsvertrags unerheblich.

d) Ja: Ebenso führt aufgrund Vertragsfreiheit auch das bei Schwangerschaft bestehende Kündigungsverbot nach § 17 MuSchG nicht zur Unwirksamkeit des Aufhebungsvertrags.

Lösungsvorschlag Fall 83:

a) Nein: Der nachhaltige, vertragswidrige Verstoß der A gegen das Verbot einer Konkurrenztätigkeit zum Schaden ihres Arbeitgebers X wäre zwar auch ohne vorausgegangene Abmahnung ein wichtiger Grund für eine außerordentliche Kündigung nach § 626 BGB, der das Abwarten der ordentlichen Kündigungsfrist unzumutbar macht. Jedoch besteht ein Kündigungsverbot gemäß § 17 Abs. 1 Nr. 1 S. 1 HS 2 MuSchG, da A dem Arbeitgeber binnen zwei Wochen nach Erhalt der Kündigung mitgeteilt hat, dass sie schwanger ist. Eine Ausnahmegenehmigung des Gewerbeaufsichtsamts gemäß § 17 Abs. 2 MuSchG lag zur Zeit der Kündigungserklärung nicht vor. Die Kündigung verstößt daher gegen das Verbotsgesetz des § 17 Abs. 1 MuSchG und ist gemäß § 134 BGB nichtig.

b) Nein: Zwar hat die Arbeitnehmerin selbst ihre Schwangerschaft nicht mehr binnen zwei Wochen nach der Kündigungserklärung mitgeteilt. Jedoch reicht für das Kündigungsverbot nach § 17 Abs. 1 Nr. 1 S. 1 HS 1 MuSchG jegliche Kenntnis des Arbeitgebers von der Schwangerschaft zum Zeitpunkt der Kündigung aus, egal ob er die Kenntnis zufällig oder durch eine Mitteilung der Arbeitnehmerin erlangt hat. Die Kündigung ist daher ebenfalls nichtig.

c) Ja: Nach erfolgter Kündigungserklärung kann der besondere Kündigungsschutz des § 17 Abs. 1 Nr. 1 S. 1 HS 2 MuSchG nur durch Mitteilung der Schwangeren bzw. einer von ihr hierzu beauftragten Person binnen zwei Wochen entstehen. Eine zufällig anderweitig erlangte Kenntnis des Arbeitgebers reicht nach Kündigungserklärung hierfür nicht aus. A hat erst nach mehr als zwei Wochen ihre Schwangerschaft dem X mitteilt. Für die Fristversäumnis ist kein Hinderungsgrund der A ersichtlich. X erfährt erst nach Kündigungserklärung zufällig von der Schwangerschaft. Daher greift das Kündigungsverbot des § 17 Abs. 1 Nr. 1 MuSchG nicht. Die Kündigung ist wirksam.

Lösungsvorschlag Fall 84:

a) Nein: A gilt mit einem Grad der Behinderung von 50 % als schwerbehinderter Mensch gemäß § 2 Abs. 2 SGB IX. Da das Beschäftigungsverhältnis der A bei X länger als sechs Monate besteht, ist für A gemäß § 173 Abs. 1 Nr. 1 SGB IX der besondere Kündigungsschutz nach §§ 168 ff. SGB IX anwendbar. Gemäß § 168 SGB IX ist für die Kündigung eines schwerbehinderten Menschen die vorherige Zustimmung des Integrationsamts nötig. Dies gilt nach § 174 Abs. 1 SGB IX auch für die außerordentliche Kündigung. Da hier die Zustimmung nicht vor der Kündigung, sondern erst nachträglich erteilt wurde, ist die Kündigung unwirksam.

> **TIPP:** Vermerken Sie sich am Rand des § 168 SGB IX den § 173 Abs. 1 Nr. 1 SGB IX als für den Kündigungsschutz nach § 85 SGB X vorausgesetzte Wartefrist und unterstreichen Sie in § 168 SGB IX das Wort „vorherige"!

b) Ja: Gemäß §§ 168, 174 Abs. 2 SGB IX muss Arbeitgeber X binnen zwei Wochen ab Kenntnis der für die Kündigung maßgebenden Tatsachen die Zustimmung des Integrationsamts zur Kündigung beantragen. X hat mit seinem Antrag diese Frist gewahrt. Nach Erteilung der Zustimmung – welche nicht schriftlich zugegangen sein muss – kann er kündigen bzw. muss er die fristlose Kündigung zur Wahrung der an sich bereits abgelaufenen zweiwöchigen Erklärungsfrist nach § 626 Abs. 2 BGB gemäß § 174 Abs. 5 SGB IX unverzüglich erklären.

> **TIPP:** Kommentieren Sie sich an den Rand des § 626 Abs. 2 BGB als erweiternde Ausnahmevorschrift den § 174 Abs. 5 SGB IX!

c) Nein: X kann wie im Fall b) kündigen. Gemäß § 174 Abs. 3 S. 1 SGB IX hat das Integrationsamt die Entscheidung über den Zustimmungsantrag binnen zwei Wochen zu treffen. Bei Versäumen dieser Zweiwochenfrist gilt die nicht fristgemäß getroffene Entscheidung als erteilte Zustimmung gemäß § 174 Abs. 3 S. 2 SGB IX.

> **TIPP:** Unterstreichen Sie sich in § 174 Abs. 3 SGB IX die Worte „zwei Wochen" und „gilt die Zustimmung als erteilt"! Diese Regelung zu Frist und Fiktion im Rahmen des Zustimmungsverfahrens des Integrationsamts gilt leider nicht entsprechend für eine nach § 17 Abs. 2 MuSchG oder § 18 Abs. 1 S. 3 BEEG einzuholende behördliche Zustimmung.

d) Nein: Das Erfordernis der Zustimmung des Intergrationsamtes nach § 168 SGB IX hängt nicht von der Kenntnis des Arbeitgebers von der Schwerbehinderung des Arbeitnehmers bei der Kündigung ab. Nach der Rechtsprechung des BAG verwirkt das Recht des Schwerbehinderten, sich erstmalig nach Zugang der Kündigung auf seine Schwerbehinderung zu berufen, entsprechend dem Maßstab nach § 242 BGB i.V.m. § 4 I KSchG drei Wochen nach der Kündigung. Diese Zeitspanne ist in Fall d) nicht überschritten.

> **TIPP:** Mit Urteil vom 22.9.2016 hat das BAG der Zeitspanne von drei Wochen bzgl. des Rechts des Arbeitnehmers zum zulässigen nachträglichen Hinweis auf seine Schwerbehinderung nach Zugang der Kündigung die Zeit noch hinzugerechnet, innerhalb derer der Arbeitnehmer den Zugang dieser Information beim Arbeitgeber zu bewirken hat und hierfür zu Beweiszwecken ggf. eine schriftliche Mitteilung wählt.

Lösungsvorschlag Fall 85:

a) Nein: Eine Kündigung wegen zulässiger Rechtsausübung der Arbeitnehmerin wie hier wegen von dieser geltend gemachter Einhaltung der Arbeitsgesetze würde gegen das Maßregelungsverbot nach § 612a BGB verstoßen und wäre somit wegen Verstoßes gegen ein Verbotsgesetz nach § 134 BGB nichtig.

b) Nein: Es handelt sich bei der Übertragung der Kanzlei des X auf Y um einen Betriebsübergang nach § 613a BGB, da der Betrieb als im Wesentlichen übernommene wirtschaftliche Einheit weitergeführt werden soll. Die Kündigung der A wäre hier durch den Betriebsinhaberwechsel bedingt, nicht aus anderen Gründen veranlasst. Eine Kündigung wegen des Betriebsübergangs ist gemäß § 613 Abs. 4 BGB unwirksam.

c) Nein: In der Kanzlei des X mit mindestens zehn mit der Verarbeitung personenbezogener Daten beschäftigten Personen besteht gemäß Art. 37 Abs. 4 DSGVO i.V.m. § 38 Abs. 1 BDSG die gesetzliche Pflicht zur Bestellung eines Datenschutzbeauftragten. Gemäß § 6 Abs. 4 BDSG i.V.m. § 38 Abs. 2 BDSG ist die Kündigung eines aufgrund gesetzlicher Verpflichtung bestellten Datenschutzbeauftragten unzulässig, sofern nicht Tatsachen vorliegen, die zu einer außerordentlichen Kündigung aus wichtigem Grund nach § 626 BGB berechtigen würden. Da für den Datenschutzbeauftragten A allenfalls ein ordentlicher Kündigungsgrund, jedoch kein wichtiger Grund für eine außerordentliche Kündigung gegeben wäre, ist die Kündigung des A unwirksam.

Lösungsvorschlag Fall 86:

a) Nein: Die gemäß § 20 BBiG höchstens viermonatige Probezeit eines Ausbildungsverhältnisses ist für die seit eineinhalb Jahren bei X beschäftigte A bereits abgelaufen. Nach der Probezeit ist gemäß § 22 Abs. 2 BBiG nur noch eine außerordentliche Kündigung aus wichtigem Grund möglich. Ein derart schwerwiegender Grund ist sicher in dem hier erwiesenen, strafbaren Vertrauensbruch des Stehlens zu sehen. Jedoch besteht gemäß § 22 Abs. 3 BBiG das gesetzliche Formerfordernis der Angabe der Kündigungsgründe in der schriftlichen Kündigungserklärung. Hieran fehlt es. Die Kündigung ist wegen Mangels der gesetzlichen Form gemäß § 125 BGB nichtig.

b) Ja: Für A als Rechtsanwaltsfachangestellte im Rahmen eines Arbeitsverhältnisses gilt für die außerordentliche Kündigung § 626 BGB. Der wichtige Grund für eine außerordentliche Kündigung ist bei Diebstahl als grober Treuebruch gegeben auch ohne bei Vertrauensbruch untaugliche Abmahnung. Die Erklärungsfrist von höchstens zwei Wochen nach Kenntnis der die Kündigung begründenden Tatsachen gemäß § 626 Abs. 2 BGB ist eingehalten. Die darüber hinaus in § 626 Abs. 2 S. 3 BGB geregelte Pflicht des Arbeitgebers, „auf Verlangen den Kündigungsgrund unverzüglich schriftlich mitzuteilen" ist kein Wirksamkeitserfordernis für die Kündigungserklärung als solche, sondern ein gesonderter Auskunftsanspruch des Arbeitnehmers. Die Kündigungserklärung ist daher auch ohne Angabe der Kündigungsgründe wirksam.

c) Nein: Während der Elternzeit gilt das Kündigungsverbot des § 18 Abs. 1 BEEG. Gemäß § 18 Abs. 2 BEEG ist auch im Fall der Teilzeitarbeit bei ihrem Arbeitgeber während der Elternzeit eine Kündigung der Arbeitnehmerin nach § 18 Abs. 1

BEEG unzulässig. Eine Ausnahmegenehmigung des Gewerbeaufsichtsamts nach § 18 Abs. 1 S. 2 u. 3 BEEG lag bei Kündigungserklärung nicht vor. Die Kündigung verstößt daher gegen das Verbotsgesetz des § 18 Abs. 1 BEEG und ist gemäß § 134 BGB nichtig.

Lösungsvorschlag Fall 87:

a) Nein: Gemäß § 626 Abs. 1 BGB ist eine außerordentliche Kündigung aus wichtigem Grund sowohl bei unbefristeten als auch bei befristeten Arbeitsverhältnissen möglich. Es kann also insoweit dahinstehen, ob das Arbeitsverhältnis des A wirksam befristet ist oder nicht. Die nachhaltige Verletzung eines betrieblichen Rauchverbots kann eine außerordentliche Kündigung rechtfertigen, sofern gemäß § 314 Abs. 2 BGB eine erfolglose Abmahnung vorausgegangen ist. Eine Abmahnung des Arbeitgebers ist jedoch hier nicht erfolgt. Ermahnungen von Kollegen reichen nicht aus. Die fristlose Kündigung ist unwirksam.

> **TIPP:** Verweisen Sie bei § 626 Abs. 1 BGB auf § 314 Abs. 2 BGB als Abmahnungserfordernis bei außerordentlichen Kündigungen von Dauerschuldverhältnissen wie eben auch von Arbeitsverhältnissen!

b) Ja: Die Worte des X stellen eine arbeitsrechtliche Abmahnung im Sinne des § 314 Abs. 2 BGB mit Rüge- und Warnfunktion dar. Wie im Übrigen zu a) erläutert, ist die fristlose Kündigung wirksam.

c) Ja: Nach den Grundsätzen des Sprachrisikos gelten einseitige Erklärungen erst als zugegangen, wenn der Arbeitnehmer diese verstanden hat bzw. sich bei schriftlichen einseitigen Erklärungen diese übersetzen lassen konnte. Da A die Abmahnung des X nicht verstanden hat, gilt sie als nicht zugegangen und somit als nicht erfolgt. Die fristlose Kündigung ist daher unwirksam.

d) Ja: Es ist zunächst zu prüfen, ob die ordentliche Kündigung aufgrund § 15 Abs. 3 TzBfG ausgeschlossen ist. Ein befristetes Arbeitsverhältnis ist nicht ordentlich kündbar, außer es ist ordentliche Kündbarkeit vereinbart. Gemäß § 14 Abs. 4 TzBfG bedarf die Befristung eines Arbeitsverhältnisses zu ihrer Wirksamkeit der Schriftform. Im Fall des A liegt kein schriftlicher Vertrag und damit gemäß § 125 BGB auch keine wirksame Befristung vor. Das Arbeitsverhältnis gilt nach § 16 S. 1 TzBfG als unbefristet. Da ein sachlicher Befristungsgrund vorlag – hier vorübergehender personeller Mehrbedarf gemäß § 14 Abs. 1 Nr. 1 TzBfG – und die Befristung nur wegen des Schriftformmangels der Befristungsabrede unwirksam ist, kann das Arbeitsverhältnis gemäß § 16 S. 2 TzBfG vor dem vereinbarten Ende ordentlich gekündigt werden.

Eine Pflichtverletzung als Kündigungsgrund, dem eine Abmahnung vorauszugehen hätte, ist nicht erforderlich, da keine soziale Rechtfertigung nach § 1 KSchG erforderlich ist: Für A ist das KSchG jedenfalls nicht anwendbar, da unabhängig von der Betriebsgröße (§ 23 KSchG) das Arbeitsverhältnis des A noch nicht länger als 6 Monate i.S.d. § 1 Abs. 1 KSchG besteht. Die ordentliche Kündigung ist wirksam.

e) Es ist keine Probezeit im Sinne des § 622 Abs. 3 BGB vereinbart worden. Daher gilt trotz der kurzen Beschäftigungsdauer des A von kaum drei Monaten nicht die zweiwöchige Kündigungsfrist nach § 622 Abs. 3 BGB, sondern die normale Kündigungsfrist des § 622 Abs. 1 BGB von vier Wochen zum Fünfzehnten bzw. zum Monatsende.

> **TIPP:** Unterstreichen Sie sich in § 622 Abs. 3 BGB die Worte „vereinbarte Probezeit" und „längstens … sechs Monate"! Warum? So vergessen Sie nicht zu prüfen, ob und für welche Dauer überhaupt eine Probezeit vereinbart wurde. Es ist ein weit verbreiteter Irrglaube, dass die ersten sechs Monate eines Arbeitsverhältnisses von selbst als Probezeit gelten.

Lösungsvorschlag Fall 88:

a) Bei einer Verdachtskündigung wie im vorliegenden Fall muss der Arbeitgeber dem Arbeitnehmer die Möglichkeit geben, den gegen ihn entstandenen Verdacht des kündigungsbegründenden Tatbestands auszuräumen und hierzu Stellung zu nehmen: X muss die A zunächst anhören.

b) Die Erklärungsfrist für eine außerordentliche Kündigung beträgt gemäß § 626 Abs. 2 BGB zwei Wochen nach Kenntnis der für die Kündigung maßgebenden Tatsachen. Bei einer Verdachtskündigung beginnt die Zweiwochenfrist mit ausreichend sicherer Kenntnis des Arbeitgebers bzgl. der den Verdacht begründenden Tatsachen und somit nie vor Anhörung. Pauschales Bestreiten in der Anhörung ist für ansonsten hinreichenden Verdacht unschädlich. Die Erklärungsfrist im vorliegenden Fall läuft somit zwei Wochen ab dem 13. Mai bis 27. Mai.

c) Für die außerordentliche Kündigung von Auszubildenden gilt die Zweiwochenfrist nach § 22 Abs. 4 S. 1 BBiG. Die Erklärungsfrist läuft somit auch in Fall c) bis zum 27. Mai.

Lösungsvorschlag Fall 89:

a) Nein: In dem Verrat von Betriebsgeheimnissen liegt ein wichtiger Grund, der eine außerordentliche Kündigung nach § 626 Abs. 1 BGB auch ohne bei Vertrauensbruch untaugliche Abmahnung rechtfertigt. Außerdem ist zur Wirksamkeit der Kündigung gemäß § 102 Abs. 1 BetrVG die Anhörung des Betriebsrats vor Erklärung der Kündigung erforderlich. Die hierzu nötige Unterrichtung des Betriebsrats hinsichtlich Sozialdaten und Kündigungsgründe ist am 3. März gegenüber dem Betriebsratsvorsitzenden erfolgt. Jedoch hätte X erst nach erfolgter Stellungnahme des Betriebsrats am 5. März die Kündigung erklären dürfen. Die zuvor ohne erfolgte Anhörung erklärte Kündigung am 4. März ist gemäß § 102 Abs. 1 S. 3 BetrVG unwirksam.

b) Nein: Das Abwarten der Drei-Tages-Frist nach § 102 Abs. 2 S. 3 BetrVG ist für den Arbeitgeber dann nicht mehr nötig, wenn bereits vorher eine abschließende Erklärung des Betriebsrats erfolgt ist. Jedoch ist hierfür die Schriftform nach § 102 Abs. 2 S. 1 und 3 BetrVG zu wahren. Eine mündliche Erklärung reicht nicht aus. Auch in diesem Fall scheitert die Wirksamkeit der Kündigung an der nicht erfolgten Anhörung des Betriebsrats gemäß § 102 Abs. 1 S. 3 BetrVG.

Lösungsvorschlag Fall 90:

a) Die für eine Kündigung als Wirksamkeitsvoraussetzung nach § 102 Abs. 1 BetrVG nötige Anhörung des Betriebsrats wäre nicht vor der vom Betriebsrat einzuhaltenden Stellungnahmefrist bzgl. einer ordentlichen Kündigung von einer Woche gemäß § 102 Abs. 2 BetrVG erfüllt.

b) Ja: Die Anhörung ist erfolgt, auch wenn der Betriebsrat gegen die Kündigung Bedenken vorträgt und dieser widerspricht. Eine dennoch erklärte Kündigung wäre nicht nach § 102 Abs. 1 BetrVG unwirksam. (Etwaige materielle Unwirksamkeit war im Fall nicht zu prüfen.)

c) A hätte einen Anspruch auf Weiterbeschäftigung bis zum rechtskräftigen Abschluss des Kündigungsschutzverfahrens nach § 102 Abs. 5 BetrVG.

Lösungsvorschlag Fall 91:

a) X kann die A gemäß § 5 Abs. 1 PflegeZG insgesamt 8 Monate (2 Monate ab Ankündigung der Pflegezeit zzgl. 6 Monate Pflegezeit) nicht kündigen, außer er erreicht eine Ausnahmegenehmigung des Gewerbeaufsichtsamts nach § 5 Abs. 2 PflegeZG. Die Schutzfrist der vorausgehenden zwölf Wochen gemäß § 5 Abs. 1 PflegeZG ist bei Verlangen der Pflegezeit bereits angelaufen. Rechtsmissbrauch der von A angekündigten Pflegezeit ist nicht ersichtlich. Die Regelungen zur Pflegezeit einschließlich diesbezüglichem Sonderkündigungsschutz sind auf den Betrieb des X anwendbar, da F entsprechend § 12a TVG als arbeitnehmerähnliche Person zu qualifizieren ist und als solche gemäß § 7 Abs. 1 Nr. 3 PflegeZG als Beschäftigter i.S.d. PflegeZG gilt. Damit hat der Betrieb i.S.d. § 3 Abs. 1 S. 2 PflegeZG mehr als fünfzehn Beschäftigte.

> **TIPP:** Unterstreichen Sie in § 5 Abs. 1 PflegeZG die Worte „höchstens jedoch zwölf Wochen vor dem angekündigten Beginn …"!

b) Der Sonderkündigungsschutz aufgrund Elternzeit beginnt gemäß § 18 Abs. 1 S. 2 Nr. 2 BEEG frühestens 14 Wochen vor Beginn der Inanspruchnahme eines – wie im vorliegenden Fall – für die Zeit zwischen dem dritten und achten Lebensjahr des Kindes aufgesparten Anteils der Elternzeit. Die schriftliche Ankündigung 13 Wochen vor Beginn der nachgelagerten Elternzeit war form- und fristgerecht i.S.d. § 16 Abs. 1 Nr. 2 BEEG erfolgt und löste den Sonderkündigungsschutz nach § 18 Abs. 1 S. 2 Nr. 2 BEEG aus. X könnte der A nur unter der Maßgabe einer vorherigen Ausnahmegenehmigung der für den Arbeitsschutz zuständigen Behörde (Gewerbeaufsichtsamt) nach § 18 Abs. 1 S. 4 und 5 BEEG kündigen.

2. Fälle zum Kündigungsschutzgesetz

Lösungsvorschlag Fall 92:

a) Ja: Gemäß § 1 Abs. 1 KSchG bedarf eine ordentliche Kündigung in einem Betrieb mit mehr als zehn Arbeitnehmern gemäß § 23 Abs. 1 S. 3 KSchG bei einer Beschäftigungsdauer von mehr als sechs Monaten der sozialen Rechtfertigung. Am 5. Mai ist die am 1. April eingestellte A noch nicht länger als sechs Monate bei X beschäftigt, so dass die ordentliche Kündigung ohne Kündigungsgrund wirksam ist. Hinsichtlich der Kündigungsfrist gilt § 622 Abs. 3 BGB: Während einer für nicht mehr als sechs Monate vereinbarten Probezeit – wie hier drei Monate – beträgt die gesetzliche Kündigungsfrist zwei Wochen. Die Zweiwochenfrist des § 622 Abs. 3 BGB stellt eine gemäß § 622 Abs. 4 BGB einzelvertraglich nicht zu unterschreitende Mindestfrist dar. Die am 5. Mai mit einer für die Arbeitnehmerin günstigeren längeren Frist von drei Wochen zum 31. Mai erklärte Kündigung ist zu diesem Zeitpunkt wirksam.

b) Nein: Auch am 6. August ist aufgrund noch nicht abgelaufener sechsmonatiger Wartefrist im Sinne des § 1 Abs. 1 KSchG keine soziale Rechtfertigung für die Wirksamkeit der Kündigung erforderlich. Die dreimonatige Probezeit ist jedoch bereits abgelaufen. Daher gilt statt der Kündigungsfrist von zwei Wochen gemäß § 622 Abs. 3 BGB nun die Kündigungsfrist nach § 622 Abs. 1 BGB von vier Wochen zum Fünfzehnten bzw. zum Monatsende. Die als solche wirksame Kündigung vom 6. August wirkt daher nicht bereits zum 20. August, sondern erst zum 15. September.

c) Ja: Die sechsmonatige Wartezeit im Sinne des § 1 Abs. 1 KSchG des am 1. April begonnenen Arbeitsverhältnisses der A endet gemäß §§ 187 Abs. 2, 188 Abs. 2 BGB am 30. September. Die am letzten Tag der Wartefrist erklärte Kündigung vom 30. September bedarf noch keiner sozialen Rechtfertigung. Die Vierwochenfrist zum Monatsende gemäß § 622 Abs. 1 BGB ist gewahrt. Die ordentliche Kündigung vom 30. September zum 31. Oktober ist wirksam.

d) Nein: Am 2. Oktober ist A länger als sechs Monate bei X beschäftigt. Gemäß § 1 Abs. 1 KSchG bedarf daher die Kündigung zu ihrer Wirksamkeit der sozialen Rechtfertigung, sofern der persönliche Geltungsbereich nach § 23 Abs. 1 S. 3 KSchG von mehr als zehn Arbeitnehmern – wie hier mit 22 Angestellten – gegeben ist. Die soziale Rechtfertigung kann gemäß § 1 Abs. 2 KSchG im Verhalten, in der Person oder in dringenden betrieblichen Erfordernissen liegen. Ein ausreichender Pflichtverstoß oder sonstige ausreichende soziale Rechtfertigung der Kündigung kann in der reinen persönlichen Aversion des X gegenüber A nicht gesehen werden. Die Kündigung ist unwirksam.

Lösungsvorschlag Fall 93:

a) Ja: Die Kündigung der länger als sechs Monate bei X beschäftigten A in der Großkanzlei des X mit mehr als zehn Arbeitnehmern im Sinne des § 23 Abs. 1 S. 3 KSchG bedarf gemäß § 1 Abs. 1 KSchG zu ihrer Wirksamkeit der sozialen Rechtfertigung. Die soziale Rechtfertigung nach § 1 Abs. 2 KSchG ist hier im Verhalten der

A zu suchen. Die Kündigung am 28. Februar ist wegen wiederholter Unpünktlichkeit am 27. Februar erfolgt.

Nach dem im Rahmen des allgemeinen Kündigungsschutzes des KSchG geltenden Ultima-Ratio-Prinzip ist bei Pflichtverstößen des Arbeitnehmers im Leistungsbereich vor einer Kündigung zunächst eine Abmahnung zu erteilen und dem Arbeitnehmer dadurch die Möglichkeit der vertragsgemäßen Besserung zu geben. Die am 20. Februar erfolgte Abmahnung hat jedoch nicht die Unpünktlichkeit der A betroffen, sondern unterlassene Umsetzung einer Arbeitsanweisung. Nur eine wegen einer gleichartigen Pflichtverletzung vorausgegangene Abmahnung kann im Wiederholungsfall die verhaltensbedingte Kündigung rechtfertigen. Die Kündigung in a) war daher unwirksam. Die Kündigungsschutzklage hätte Aussicht auf Erfolg.

TIPP: Machen Sie sich das Prinzip von Abmahnung und Kündigung einmal anhand des „Memory"-Spiels bewusst, d.h. nur gleich zu gleich zählt.

---

b) Nein: In b) ist der Kündigung eine Abmahnung hinsichtlich eines gleichartigen Pflichtverstoßes vorausgegangen. Das Schreiben vom 20. Februar hat den Erfordernissen der Rüge- und Warnfunktion einer wirksamen Abmahnung genügt. Die Kündigung aufgrund des wiederholten Pflichtverstoßes am 27. Februar war sozial gerechtfertigt und damit wirksam. Eine Kündigungsschutzklage hätte keine Aussicht auf Erfolg.

c) Nein: Die Abmahnung bedarf zu ihrer Wirksamkeit – anders als die Kündigung – keiner Schriftform. Es ändert sich nichts an der Lösung zu b).

Lösungsvorschlag Fall 94:

a) Ja: Die Kündigung der seit 1.9.2003 – also länger als sechs Monate – bei X angestellten A bedarf zu ihrer Wirksamkeit gemäß § 1 Abs. 1 KSchG einer sozialen Rechtfertigung, wenn der Betrieb des X kein Kleinbetrieb im Sinne des § 23 Abs. 1 KSchG ist. Da das Arbeitsverhältnis der A bereits im Zeitraum vor dem 1.1.2004 bestanden hat, gilt für A gemäß § 23 Abs. 1 S. 2 und 3 KSchG Kündigungsschutz, wenn in dem Betrieb zum Zeitpunkt der Kündigungserklärung in der Regel mehr als fünf vor dem 31.12.2003 eingestellte Arbeitnehmer beschäftigt sind, sofern nicht die Betriebsgröße insgesamt zehn Arbeitnehmer übersteigt. Die Betriebsgröße berechnet sich wie folgt:

- A selbst = 1;
- Mach = 1;
- Schnell = 0, da nach dem 31.12.2003 eingestellt, gemäß § 23 Abs. 1 S. 3 KSchG nicht mitzuzählen;
- Bunt = 0,75 gemäß § 23 Abs. 1 S. 4 KSchG mit nicht mehr als 30 Wochenstunden
- Auszubildende = 0, da gemäß § 23 Abs. 1 S. 2 Auszubildende nicht mitzuzählen sind;
- Stationsreferendar Reff = 0, da kein Arbeitsverhältnis im Betrieb des X, sondern öffentliches Dienstverhältnis;
- Ehefrau des X = 0,75 gemäß § 23 Abs. 1 S. 4 KSchG, da zwischen 20 und 30 Wochenstunden;

- „Freie Mitarbeiter" Schall und Rauch: Aufgrund persönlicher Weisungsgebundenheit z.B. bzgl. Ort und Zeit sowie Art der Arbeitszuteilung sind beide als Arbeitnehmer zu qualifizieren. Rauch ist nach dem 31.12.2003 eingestellt und ist im Fall der Kündigung der A gemäß § 23 Abs. 1 S. 3 KSchG nicht mitzuzählen. Der seit 2003 tätige Schall ist jedoch als 1 Arbeitnehmer bei der Betriebsgröße einzurechnen;
- Stark = 1 gemäß § 23 Abs. 1 S. 4 KSchG mit mehr als 30 Wochenstunden;
- Scheuer = 0, da nach dem 31.12.2003 eingestellt, gemäß § 23 Abs. 1 S. 3 KSchG nicht mitzuzählen
- Flott = 0, da nach dem 31.12.2003 eingestellt, gemäß § 23 Abs. 1 S. 3 KSchG nicht mitzuzählen
- Gutmeier = 0; sie ist nicht mitzuzählen, zum einen weil sie nach dem 31.12.2003 eingestellt wurde, zum anderen gemäß § 23 Abs. 1 S. 4 KSchG i.V.m. § 21 Abs. 7 BEEG: Ruhende Arbeitsverhältnisse während der Elternzeit zählen dann nicht zur Betriebsgröße, wenn für sie ein Vertreter eingestellt ist, wie hier Frau Flott.

Es ergibt sich eine Betriebsgröße von 5,5 Arbeitnehmern.

Gemäß § 23 Abs. 1 S. 2 KSchG ist § 1 Abs. 1 KSchG daher auf die Kündigung der A anwendbar und eine soziale Rechtfertigung nach § 1 Abs. 2 KSchG erforderlich. Die wiederholte Verletzung der Anzeige- und Nachweispflicht gemäß § 5 Abs. 1 EFZG ist als verhaltensbedingter Kündigungsgrund anerkannt, sofern eine nach dem Ultima-Ratio-Prinzip erfolglose Abmahnung vorausgegangen ist. Die Ermahnung durch X hat jedoch allenfalls das Kriterium der Rügefunktion erfüllt. Die für die Wirksamkeit einer Abmahnung auch erforderliche Warnfunktion hinsichtlich einer im Wiederholungsfall möglichen Kündigung fehlt. Daher war die Kündigung nicht ausreichend sozial gerechtfertigt und somit unwirksam. Eine Kündigungsschutzklage hätte Aussicht auf Erfolg.

> **TIPP:**
> - Unterstreichen Sie in § 1 Abs. 1 KSchG die Worte „länger als sechs Monate" und verweisen Sie am Rand des § 1 Abs. 1 KSchG auf § 23 Abs. 1 KSchG! Warum? Dann haben Sie die beiden Kardinal-Voraussetzungen für die Anwendbarkeit des Kündigungsschutzes nach KSchG: Betriebszugehörigkeitsdauer und Betriebsgröße.
> - Unterstreichen Sie in § 23 Abs. 1 KSchG die für Ihre Bearbeitung relevanten Stichworte; als Hinweis auf die unterschiedlichen Schwellenwerte je nach Eintrittsdatum des zu kündigenden Arbeitnehmers insbesondere den Passus „nach dem 31. Dezember 2003"!
> - Verweisen Sie am Rand des § 23 Abs. 1 S. 4 KSchG auf die Sondervorschriften zur Schwellenwertberechnung bei Vertretungssituationen in der Eltern- oder Pflegezeit: § 21 Abs. 7 BEEG und § 6 Abs. 4 PflegeZG!

b) Ohne Rechtsanwalt Schall beträgt die Betriebsgröße nur 4,5 Arbeitnehmer. Der Schwellenwert von mehr als fünf Arbeitnehmern, die vor dem 31.12.2003 im Betrieb beschäftigt waren, nach § 23 Abs. 1 S. 2 KSchG ist nicht erreicht. Auch liegt keine Gesamtbetriebsgröße von mehr als zehn Arbeitnehmern vor. Daher ist § 1 KSchG für die Kündigung der A nicht anwendbar und keine soziale Rechtfertigung nach § 1 Abs. 1 u. 2 KSchG für die Wirksamkeit der Kündigung vorausgesetzt. Es bedarf daher auch keines verhaltensbedingten Kündigungsgrundes, dem seinerseits eine erfolglose Abmahnung vorausgesetzt wäre. Die Kündigung der A ist in b) wirksam. Eine Kündigungsschutzklage hätte keine Aussicht auf Erfolg.

c) Nein: Die Wirksamkeit einer außerordentlichen Kündigung ist anhand § 626 BGB zu überprüfen. Vorausgesetzt ist ein wichtiger Grund, der das Abwarten der ordentlichen Kündigungsfrist unzumutbar macht. Hierzu reicht die Verletzung der Anzeige- und Nachweispflichten bei Krankheit in der Regel nicht aus. Zumindest hätte eine Abmahnung nach § 314 Abs. 2 BGB vorausgehen müssen. Eine wirksame Abmahnung ist hier mangels Warnfunktion nicht erfolgt. Ein wichtiger Grund i.S.d. § 626 BGB für eine wirksame fristlose Kündigung ist nicht gegeben.

Lösungsvorschlag Fall 95:

Ja: A ist länger als sechs Monate bei X beschäftigt im Sinne des § 1 Abs. 1 KSchG. X beschäftigt zehn eigene Arbeitnehmer. Darüber hinaus ist die regelmäßig von X durch Leiharbeitnehmer abgedeckte Stelle für die Betriebsgröße nach § 23 Abs. 1 S. 3 KSchG mitzuzählen, auch wenn Leiharbeitnehmer nach § 14 AÜG Arbeitnehmer des Betriebs der Zeitarbeitsfirma und nicht eigene Arbeitnehmer des X sind. Die Berücksichtigung von in der Regel im Betrieb beschäftigten Leiharbeitnehmern ist aufgrund Sinn und Zweck der den regelmäßigen Personalbedarf berücksichtigenden Grenze der Betriebsgröße nach § 23 Abs. 1 KSchG geboten.

Da aufgrund der zehn Arbeitnehmer i.S.d. § 23 Abs. 1 KSchG somit übersteigenden Betriebsgröße der allgemeine Kündigungsschutz nach KSchG anwendbar ist, hätte die Kündigung des A einer sozialen Rechtfertigung durch einen personen-, verhaltens- oder betriebsbedingten Grund i.S.d. § 1 Abs. 2 KSchG zu ihrer Wirksamkeit bedurft. Dafür reicht die subjektive Motivation des X im vorliegenden Fall nicht aus.

> **TIPP:** Fall 95 entspricht der umwälzenden, rechtsfortbildenden Entscheidung des BAG in seinem Urteil vom 24.1.2013 zu 2 AZR 140/12. Problematisch und noch ohne gerichtliche Abgrenzungskriterien ist im Einzelfall, ob die im Kündigungszeitpunkt im Betrieb tätigen Leiharbeitnehmer auf einem „in der Regel" bestehenden Personalbedarf i.S.d. § 23 Abs. 1 KSchG beruhen, oder ob sie dort aufgrund eines für den Betrieb in der Regel nicht kennzeichnenden Geschäftsanfalls beschäftigt sind.

Lösungsvorschlag Fall 96:

a) Ja: A ist länger als sechs Monate bei X beschäftigt im Sinne des § 1 Abs. 1 KSchG. Der für die nach dem 31.12.2003 eingestellte A maßgebliche Schwellenwert der Betriebsgröße nach § 23 Abs. 1 S. 3 KSchG mit mehr als zehn Arbeitnehmer ist gegeben. Gemäß des somit anwendbaren § 1 Abs. 1 KSchG ist für die Wirksamkeit der Kündigung deren soziale Rechtfertigung im Sinne des § 1 Abs. 2 KSchG vorausgesetzt. Die Kündigung könnte aus dringenden betrieblichen Erfordernissen begründet sein. Jedoch ist eine Weiterbeschäftigung der A als Rechtsanwältin für die einen weiteren Anwalt – wie den hierfür in Aussicht genommenen Rechtsanwalt Maurer – auslastenden Baurechtsaufträge möglich. Die Kündigung ist daher sozial ungerechtfertigt und somit unwirksam. Die Klage hätte Aussicht auf Erfolg.

b) Ja: Hier ist die ausreichende soziale Auswahl nach § 1 Abs. 3 KSchG zu beachten hinsichtlich des Anwalts, der gemäß § 1 Abs. 2 KSchG aus dringenden betrieblichen Erfordernissen ohne Weiterbeschäftigungsmöglichkeit zu kündigen ist. Die Kündigung der A wäre trotz des dringenden betrieblichen Erfordernisses aufgrund Auftragsmangels sozial ungerechtfertigt, wenn ein anderer vergleichbarer Arbeitnehmer weniger sozial schutzwürdig als A wäre. Kriterien der Sozialauswahl sind Betriebszugehörigkeit, Lebensalter, Unterhaltspflichten und Schwerbehinderung.

Kollege B ist acht Jahre älter als A und hat im Unterschied zu der kinderlosen A Unterhaltspflichten für drei Kinder, wenngleich er eine um ein halbes Jahr kürzere Betriebszugehörigkeit aufzuweisen hat. B ist sozial schutzwürdiger als A. C ist wie A kinderlos sowie nur unwesentlich um zwei Monate älter. Aufgrund seiner viereinhalb Jahre längeren Betriebszugehörigkeit ist C ebenfalls sozial schutzwürdiger als A. Die Kündigung der A war daher sozial gerechtfertigt. Die Kündigungsschutzklage hätte keine Aussicht auf Erfolg.

Lösungsvorschlag Fall 97:

a) Ja: Im Betrieb des X mit mehr als zehn Arbeitnehmern ist die Betriebsgröße nach § 23 Abs. 1 KSchG erreicht. Auch die Wartezeit von mehr als sechs Monaten hat der seit fünf Jahren bei X beschäftigte A erfüllt. Somit bedarf die ordentliche Kündigung des A einer sozialen Rechtfertigung gemäß § 1 Abs. 2 KSchG. Die verbotswidrige Privatnutzung des vom Arbeitgeber zur Verfügung gestellten Internets während der Arbeitszeit stellt eine Arbeitspflichtverletzung dar. Diese trotz Abmahnung wiederholt begangene Pflichtverletzung ist ein verhaltensbedingter Kündigungsgrund, der die Kündigung des A sozial rechtfertigt. Auch die nach § 102 Abs. 1 BetrVG vor jeder Kündigung zu deren Wirksamkeit notwendige Anhörung eines bestehenden Betriebsrats ist erfolgt. Da sich der Betriebsrat inner-halb einer Woche nicht geäußert hat, gilt nach § 102 Abs. 2 BetrVG seine Zustimmung als erteilt.

b) Nein: Gemäß § 15 Abs. 3 S. 2 KSchG wäre die ordentliche Kündigung eines Wahlbewerbers nach Bekanntgabe des Ergebnisses der Betriebsratswahl für sechs Monate unzulässig, außer es liegen Tatsachen vor, die zur außerordentlichen Kündigung aus wichtigem Grund berechtigen würden. Im vorliegenden Fall sind jedoch bereits mehr als sechs Monate nach Bekanntgabe des Wahlergebnisses verstrichen. Somit ändert sich zu a) nichts.

c) Ja: Gemäß § 15 Abs. 1 S. 2 KSchG ist die ordentliche Kündigung eines ehemaligen Betriebsratsmitglieds binnen eines Jahres nach Beendigung seiner Amtszeit unzulässig, außer es liegen Tatsachen vor, die zur außerordentlichen Kündigung aus wichtigem Grund berechtigen würden. Da bei A noch kein Jahr nach seiner Amtszeit als Betriebsrat vergangen ist, kommt es darauf an, ob seine Pflichtverletzung als wichtiger Grund für eine außerordentliche Kündigung ausreichen würde. Dies ist hier zu bejahen: Der Verstoß gegen ein ausdrückliches Verbot der privaten Internetnutzung im Betrieb kann ein wichtiger Kündigungsgrund i.S.d. § 626 BGB sein. Auch war eine diesbezügliche Abmahnung gemäß § 314 Abs. 2 BGB bereits erfolgt

---

TIPP: Unterstreichen Sie sich in § 15 KSchG die Phasen des nachwirkenden Kündigungsschutzes wie folgt: In Absatz 1 Satz 2 „Nach Beendigung der Amtszeit ... innerhalb eines Jahres", in Absatz 3 Satz 2 „Innerhalb von sechs Monaten nach Bekanntgabe des Wahlergebnisses" und in Absatz 3a Satz 2 „... vom Zeitpunkt der Einladung oder Antragstellung an drei Monate".

Lösungsvorschlag Fall 98:

a) Nein: Das Arbeitsverhältnis des seit drei Jahren angestellten A besteht länger als sechs Monate im Sinne des § 1 Abs. 1 KSchG in einem Großbetrieb mit mehr als zehn Arbeitnehmern gemäß § 23 Abs. 1 S. 3 KSchG. Daher bedarf nach § 1 Abs. 1 KSchG die Kündigung des A zu ihrer Wirksamkeit der sozialen Rechtfertigung im Sinne des § 1 Abs. 2 KSchG. Diese könnte hier in der Person des Arbeitnehmers liegen. Für eine wirksame krankheitsbedingte Kündigung ist die negative Prognose der ernsten Besorgnis weiterer Arbeitsunfähigkeit aufgrund Krankheit vorausgesetzt sowie eine erhebliche Beeinträchtigung der betrieblichen Belange hierdurch und eine abschließende umfassende gegenseitige Interessenabwägung.

Im Fall des A liegt eine negative Gesundheitsprognose vor. Die immer wieder nötige vorübergehende Einstellung und Einarbeitung von Aushilfen wird als erhebliche Beeinträchtigung der betrieblichen Belange in der Regel anerkannt. Diese steht bei der abschließenden Interessenabwägung der Interessenlage des Arbeitnehmers gegenüber, bei der Kriterien wie Lebensalter, Betriebszugehörigkeit und Unterhaltspflichten zu berücksichtigen sind. Im Fall des kinderlosen 50-jährigen A mit erst dreijähriger Betriebszugehörigkeit ist auch bei gegenseitiger Interessenabwägung von einer sozial gerechtfertigten Kündigung auszugehen. Eine Klage hätte keine Aussicht auf Erfolg.

b) Ja: Im Unterschied zu a) besteht eine Weiterbeschäftigungsmöglichkeit, wenn auch zu schlechteren Bedingungen. Nach dem Ultima-Ratio-Prinzip bzw. dem Wortlaut des § 1 Abs. 2 KSchG ist bei jeglicher anderweitiger Weiterbeschäftigungsmöglichkeit diese zunächst einer Beendigungskündigung vorzuziehen. Statt der Beendigungskündigung hätte X dem A eine Änderungskündigung mit dem Weiterbeschäftigungsangebot als Parkplatzwächter in Teilzeit erklären müssen. Die Beendigungskündigung ist daher sozial ungerechtfertigt. Eine Kündigungsschutzklage hätte Aussicht auf Erfolg.

c) Ja: Die Unwirksamkeit einer Kündigung ist gemäß § 4 KSchG binnen drei Wochen nach Zugang der Kündigung gerichtlich geltend zu machen. Nach Ablauf der Klagefrist gilt die Kündigung gemäß § 7 KSchG als von Anfang an wirksam. Die Erklärung gilt gemäß § 130 BGB als zugegangen, sobald sie in den Bereich des Empfängers – hier der Briefkasten – gelangt ist und unter normalen Umständen von der Kenntnis des Empfängers auszugehen ist. Verzögerungen aufgrund Ortsabwesenheit wie z.B. Urlaub oder Klinikaufenthalt gehören zum Risiko des Empfängers, der seinen Postzugang selbst zu organisieren hat. Daher liegt in diesem Fall kein späterer Zugang der Kündigung bzw. Beginn der Klagefrist vor als die Zustellung der Kündigung im Briefkasten des A zum Zeitpunkt der allgemein üblichen Leerung des Briefkastens. Auch ist in der krankheitsbedingten Abwesenheit in Anbetracht möglicher Organisation des Postzugangs kein Zulassungsgrund für eine verspätete Klageerhebung nach § 5 KSchG zu sehen. Die an sich sozial ungerechtfertigte Kündigung gilt gemäß § 7 KSchG als wirksam. Eine Kündigungsschutzklage hätte keine Aussicht auf Erfolg.

TIPP: Verweisen Sie bei § 4 KSchG auf § 7 KSchG als Rechtsfolge der Klagefristversäumnis!

Lösungsvorschlag Fall 99:

a) Ja, die Klage hat Aussicht auf Erfolg. Das Arbeitsverhältnis endet zum 30.6.: Eine soziale Rechtfertigung nach § 1 KSchG ist für die Kündigung außerhalb des Geltungsbereichs nach § 23 Abs. 1 KSchG bei einer Betriebsgröße von nicht mehr als 10 Arbeitnehmern nicht nötig. Eine „Kündigung zum nächstmöglichen Zeitpunkt" gilt auch ohne Kalenderdatum als ausreichend bestimmt, wenn dem Erklärungsempfänger die Dauer der Kündigungsfrist bekannt und für ihn bestimmbar ist. Dies ist hier aufgrund der arbeitsvertraglichen Bestimmung gegeben. Die Kündigung ist trotz des errechneten Datums des 31. März so auszulegen, dass sie jedenfalls zum nächstzulässigen Datum wirken soll. Die für die Geltendmachung der Unwirksamkeit einer Kündigung einzuhaltende dreiwöchige Klagefrist nach § 4 KSchG ist für eine Feststellungsklage, die wie hier nur hinsichtlich der Kündigungsfrist erhoben wird, nicht einschlägig. Es ist unschädlich, dass A erst am 1.4. Klage bezogen auf die am 26.2. zugegangene Kündigung erhoben hat. Unter Einhaltung der arbeitsvertraglichen Kündigungsfrist wirkt die Kündigung erst zum 30.6.

b) Ja: Die Klage hätte keine Aussicht auf Erfolg. Das Arbeitsverhältnis würde zum 31.3. enden: Wenn sich aus einer Kündigungserklärung der Wille des Arbeitgebers ergibt, die Kündigung ausschließlich zu einem dezidiert erklärten Termin gelten zu lassen, gilt dieser als Bestandteil der Kündigungserklärung als solcher und müsste innerhalb der Klagefrist nach § 4 KSchG vor dem Arbeitsgericht angegriffen werden. Dies hat A im Fall b) versäumt. Gemäß § 7 KSchG gilt in diesem Fall der erklärte Beendigungszeitpunkt zum 31.3. als rechtswirksam. Die Klagefrist nach § 4 KSchG betrifft jede Kündigung, so auch in Kleinbetrieben mit nicht mehr als 10 Arbeitnehmern i.S.d. § 23 I KSchG wie hier.

> **TIPP:** Die Fallgestaltung zu a) und b) entspricht der fortentwickelten Rechtsprechung des BAG zur Klagefrist bzgl. Kündigungsfristen und hinsichtlich der Bestimmtheit einer Kündigungserklärung gemäß Urteil vom 10.4.2014 zu 2 AZR 647/13 sowie Urteil vom 1.9.2010 zu 5 AZR 700/09.

Lösungsvorschlag Fall 100:

a) Die Klage hat keine Aussicht auf Erfolg. Das Arbeitsverhältnis des A hat mit Ablauf des 22. April gemäß fristloser Kündigung geendet: Nach § 13 Abs. 1 S. 2 KSchG hätte A die Rechtsunwirksamkeit der außerordentlichen Kündigung binnen der Klagefrist von drei Wochen nach Kündigungszugang gemäß § 4 S. 1 KSchG gerichtlich geltend zu machen, wenngleich ansonsten für außerordentliche Kündigungen das KSchG gemäß § 13 Abs. 1 S. 1 KSchG nicht gilt. Gemäß § 7 KSchG gilt aufgrund der erst am 20. Mai nicht rechtzeitigen Geltendmachung der Rechtsunwirksamkeit einer gegebenenfalls ohne ausreichend wichtigen Grund i.S.d. § 626 BGB erklärten außerordentlichen Kündigung diese dennoch als von Anfang an rechtswirksam.

> **TIPP:** Verweisen Sie bei § 626 BGB auf § 13 Abs. 1 S. 2 KSchG als bei Klagen gegen außerordentliche Kündigungen geltende Ausschlussfrist.

b) Ja: Gemäß § 4 S. 4 KSchG läuft die dreiwöchige Klagefrist in Fällen des Sonderkündigungsschutzes, in denen eine behördliche Genehmigung der Kündigung vorausgehen muss, erst von der Bekanntgabe der Entscheidung der Behörde ab. Da noch keine nach § 17 Abs. 2 MuSchG für die Kündigung der schwangeren A vorausgesetzte Entscheidung des Gewerbeaufsichtsamts vorliegt, ist die Klagefrist für A noch nicht verstrichen bzw. noch nicht angelaufen. Die Kündigung wäre unwirksam wegen Verstoßes gegen § 17 Abs. 1 MuSchG.

TIPP: Verweisen Sie bei § 17 Abs. 2 MuSchG und § 18 Abs. 1 BEEG auf § 4 S. 4 KSchG.

IV. Randgebiete um das Arbeitsverhältnis

1. Praxisbezogene Schwerpunkte des Sozialversicherungsrechts

a) Kranken- und Unfallversicherung

Lösungsvorschlag Fall 101:

a) Ja: Auszubildende sind gemäß § 5 Abs. 1 Nr. 1 SGB V von der Krankenversicherungspflicht erfasst.

b) Nein: Gemäß § 7 Abs. 1 S. 1 SGB V sind geringfügig Beschäftigte von der Krankenversicherungspflicht befreit.

c) Ja: Gemäß § 192 Abs. 1 Nr. 2 SGB V bleibt die Krankenversicherungspflicht erhalten, auch wenn das Versicherungsmitglied Elternzeit in Anspruch nimmt und nicht mehr „gegen Arbeitsentgelt beschäftigt" im Sinne des § 5 Abs. 1 Nr. 1 SGB V ist.

d) Ja: Noch besteht für A gesetzlicher Krankenversicherungsschutz gemäß § 19 Abs. 2 SGB V. Danach besteht Anspruch auf Leistungen der Krankenversicherung für höchstens ein Monat nach Ende der Mitgliedschaft in der Versicherung. Die Mitgliedschaft der A in der Krankenversicherung gemäß § 5 Abs. 1 Nr. 1 SGB V als im Arbeitsverhältnis Beschäftigte ist mit Beendigung des Arbeitsverhältnisses vor zwei Wochen im Sinne des § 19 Abs. 1 SGB V erloschen.

> **TIPP:** Nach Ablauf des Monats nach § 19 Abs. 2 SGB V würde für A insbesondere auch keine Krankenversicherungspflicht aufgrund Arbeitslosengeldbezugs nach § 5 Abs. 1 Nr. 2 SGB V bestehen, da A keine nichtselbständige Beschäftigung ausüben will und sich dementsprechend nicht arbeitslos gemeldet hat.

e) Ja: Gemäß § 5 Abs. 1 Nr. 2 SGB V besteht Krankenversicherungspflicht nach Ablauf des Karenzschutzes von einem Monat gemäß § 19 Abs. 2 SGB V ab dem zweiten Monat während des wegen einer Sperrzeit nach § 159 SGB III ruhenden Arbeitslosengeldanspruchs. Die gemäß § 159 Abs. 3 SGB III zwölfwöchige Sperrzeit dauert bei der seit zwei Monaten arbeitslosen A noch an. A ist gemäß § 5 Abs. 1 Nr. 2 SGB V krankenversicherungspflichtig.

f) Nein: Der Karenzschutz von einem Monat gemäß § 19 Abs. 2 SGB V nach Erlöschen der Mitgliedschaft der A nach Wegfall ihrer Beschäftigung gemäß § 19 Abs. 1 SGB V ist abgelaufen. Eine anderweitige Krankenversicherungspflicht, insbesondere die Fallgruppe nach § 5 Abs. 1 Nr. 2 SGB V ist für A nicht gegeben. Hierfür wäre vorausgesetzt, dass A Arbeitslosengeld bezieht, oder nur deshalb nicht bezieht, weil der Arbeitslosengeldanspruch aufgrund einer Sperrzeit nach § 159 SGB III oder wegen § 157 Abs. 2 SGB III ruht. Der Ruhenstatbestand nach § 158 SGB III ist von § 5 Abs. 1 Nr. 2 SGB III nicht umfasst.

Lösungsvorschlag Fall 102:

a) Ja: Gemäß § 2 Abs. 1 Nr. 1 SGB VII sind sämtliche Beschäftigte von der gesetzlichen Unfallversicherung erfasst. Im Sinne des Sozialversicherungsrechts gilt nach § 7 Abs. 2 SGB IV auch der Erwerb beruflicher Kenntnisse im Rahmen betrieblicher Berufsbildung als Beschäftigung. A ist als Auszubildende daher als Beschäftigte gemäß § 2 Abs. 1 Nr. 1 SGB VII vom gesetzlichen Unfallversicherungsschutz erfasst.

b) Ja: Auch geringfügig Beschäftigte zählen zu Beschäftigten im Sinne des § 2 Abs. 1 Nr. 1 SGB VII.

c) Ja: Gemäß § 2 Abs. 1 Nr. 2 SGB VII besteht für A Unfallversicherungsschutz als Lernende während einer beruflichen Fortbildung in einer auf die Vermittlung berufsbezogener Inhalte ausgerichteten Einrichtung. Der Versicherungsschutz nach § 2 Abs. 1 Nr. 2 SGB VII besteht unabhängig davon, ob A die Fortbildung freiwillig oder aufgrund einer Rechtspflicht bzw. Anweisung besucht.

Lösungsvorschlag Fall 103:

a) Nein: Ein Arbeitsunfall gemäß § 8 SGB VII als Versicherungsfall der Unfallversicherung liegt nur dann vor, wenn das Unfallereignis in innerem Zusammenhang mit der versicherten Tätigkeit steht. Eigenwirtschaftliche Tätigkeiten sind nicht vom Unfallversicherungsschutz umfasst. Der Verzehr bzw. die Besorgung von Nahrungsmitteln während der Arbeitszeit oder in Arbeitspausen gilt grundsätzlich als eigenwirtschaftliche Tätigkeit, insbesondere wenn es sich um bloße Genussmittel – wie im vorliegenden Fall Zigaretten – handelt.

b) Ja: Botengänge in Ausübung der betrieblichen Tätigkeit zählen zu den versicherten Tätigkeiten im Sinne des § 8 Abs. 1 SGB VII. Das Unfallereignis bei dem innerdienstlichen Botengang der A, das zu einem Gesundheitsschaden führt, ist daher als Arbeitsunfall vom Unfallversicherungsschutz umfasst.

c) Ja: Unfälle auf dem unmittelbaren Weg zur versicherten betrieblichen Tätigkeit sind gemäß § 8 Abs. 2 SGB VII in den Unfallversicherungsschutz einbezogen. Gemäß § 8 Abs. 2 Nr. 2a SGB VII gilt auch das Zurücklegen des von dem unmittelbaren Weg zur Arbeitsstätte abweichenden Wegs dann als unfallversicherte Tätigkeit, wenn die Abweichung darauf beruht, dass die Kinder der Beschäftigten wegen deren beruflichen Tätigkeit fremder Obhut anvertraut werden. Das zu einem Gesundheitsschaden führende Unfallereignis auf einem Weg der A gemäß § 8 Abs. 2 Nr. 2a SGB VII ist ein vom Unfallversicherungsschutz umfasster Arbeitsunfall.

d) Ja: Ein Betriebsausflug ist eine betrieblich bedingte Tätigkeit. Der zu einer Verletzung der A führende Wanderunfall beim Betriebsausflug steht daher in innerem Zusammenhang mit der betrieblichen unfallversicherten Tätigkeit der A und gilt als Arbeitsunfall nach § 8 Abs. 1 SGB VII.

e) Ja: Auch Vorbereitungshandlungen für betriebliche Veranstaltungen gelten als betrieblich bedingte und damit unfallversicherte Tätigkeiten. Der zu einer Verletzung der A führende Sturz bei der Probe für die Betriebsjubiläumsfeier ist daher ein Arbeitsunfall gemäß § 8 Abs. 1 SGB VII.

Lösungsvorschlag Fall 104:

a) In den ersten sechs Wochen ihrer krankheitsbedingten Arbeitsunfähigkeit erhielt A von Arbeitgeber X gemäß §§ 3 Abs. 1 S. 1, 4 Abs. 1 EFZG ihr volles Regelentgelt. Für die restliche Zeit einer weiteren Woche erhielt A von der Krankenkasse gemäß § 44 Abs. 1 SGB V Krankengeld in Höhe von 70 % ihres Regelentgelts begrenzt auf höchstens 90 % des Nettoentgelts gemäß § 47 Abs. 1 SGB V. Der seit dem Tag nach der ersten ärztlichen Arbeitsunfähigkeitsbescheinigung gemäß § 46 Nr. 2 SGB V entstandene Krankengeldanspruch der A gegen die Krankenkasse ruhte nach § 49 Abs. 1 Nr. 1 SGB V während des Arbeitsentgeltbezugs während der ersten sechs Wochen der Arbeitsunfähigkeit der A.

> **TIPP:** Verweisen Sie bei § 49 Abs. 1 Nr. 1 SGB V auf §§ 3, 4 EFZG.

b) Im Fall eines Gesundheitsschadens der A infolge eines betrieblich bedingten Sturzes – also bei einem Arbeitsunfall der A nach § 8 Abs. 1 SGB VII – wäre gemäß § 11 Abs. 5 SGB V ausschließlich zuständiger Versicherungsträger die Unfallversicherung. Krankenversicherungsschutz ist insoweit subsidiär.

Lösungsvorschlag Fall 105:

a) Gemäß § 616 BGB besteht ein Anspruch auf Entgeltfortzahlung bei unverschuldeter vorübergehender persönlicher Arbeitsverhinderung von nicht erheblicher Dauer. Bei notwendiger Betreuung erkrankter Kinder wird dies bis zu einer Altersgrenze von zwölf Jahren entsprechend § 45 Abs.1 SGB V bejaht. Der auf die erkrankte 4-jährige Cindy entfallende Zeitraum von nicht mehr als fünf Tage ist jedenfalls von geringfügiger Dauer i.S.d. § 616 BGB. Für diese Zeit hatte A gegenüber X Anspruch auf volles Entgelt sowie auf – hier gemäß § 616 BGB bezahlte – Freistellung nach § 45 Abs. 3 SGB V.

Der Zeitraum der Erkrankung des 6-jährigen Bert mit zwölf Tagen entspricht nicht mehr dem Tatbestandsmerkmal der „nicht erheblichen Zeit" i.S.d. § 616 BGB. Somit ist § 616 BGB als Anspruchsgrundlage für Entgelt der A während der krankheitsbedingten Betreuungszeit des Bert nicht anwendbar. Es bestand auch kein anteiliger Entgeltanspruch insoweit. Allerdings bestand auch für diese Zeit der Anspruch der A gegenüber X auf – hier unbezahlte – Freistellung gemäß § 45 Abs. 3 SGB III. Die Grenze der 20 Arbeitstage pro Kind bei alleinerziehenden Versicherten gemäß § 45 Abs. 2 SGB V ist nicht überschritten.

b) A hatte gegen die Krankenkasse Anspruch auf Krankengeld gemäß § 45 Abs. 1 SGB V für die Zeit der aufgrund ärztlichem Zeugnis erforderlichen Betreuung ihrer noch nicht zwölfjährigen Kinder. Während des Bezugs von Arbeitsentgelt aufgrund § 616 BGB für die fünftägige Betreuungszeit der Tochter Cindy ruhte der Krankengeldanspruch gemäß § 49 Abs. 1 Nr. 1 SGB V. Für die zwölftägige Betreuungszeit des Sohnes Bert erhielt A Krankengeld in Höhe von 70 % ihres Regelgehalts begrenzt auf höchstens 90 % des Nettoentgelts nach § 47 Abs. 1 SGB V. Die Begrenzung des Krankengeldanspruchs für alleinerziehende Versicherte nach § 45 Abs. 2 SGB V von zwanzig Arbeitstagen pro versichertes Kind sowie insgesamt fünfzig Arbeitstagen für die versicherte Mutter pro Jahr ist im Fall der A nicht überschritten.

> **TIPP:**
> * Verweisen Sie wechselseitig auf § 616 BGB und § 45 SGB V hinsichtlich der sich ergänzenden Vorschriften zu Freistellungsanspruch sowie zu Entgelt bzw. Krankengeld!
> * Hinsichtlich der Dauer der „nicht erheblichen Zeit" der Arbeitsverhinderung i.S.d. § 616 BGB wird auf den TIPP zu Fall 55 verwiesen.

b) Arbeitslosenversicherung

Lösungsvorschlag Fall 106:

a) Gemäß § 38 Abs. 1 S. 2 SGB III muss sich A innerhalb von drei Tagen nach Kenntnis des Beendigungszeitpunkts seines Arbeitsverhältnisses – also drei Tage nach Kündigungszugang am 30. April = spätestens bis zum 3. Mai – bei der Agentur für Arbeit als arbeitsuchend melden.

b) X hat als Arbeitgeber des A diesen gemäß § 2 Abs. 2 S. 2 Nr. 3 SGB III auf die Meldepflicht nach § 38 Abs. 1 SGB III hinzuweisen sowie A für die Durchführung dieser Meldepflicht freizustellen.

c) Nein: In § 38 Abs. 1 S. 4 SGB III ist klargestellt, dass die Meldepflicht unabhängig von einer Kündigungsschutzklage besteht.

d) Gemäß § 159 Abs. 1 S. 2 Nr. 7, Abs. 6 SGB III tritt bei verspäteter Meldung als arbeitsuchend nach § 38 Abs. 1 SGB III eine Sperrzeit hinsichtlich des Arbeitslosengeldanspruchs von einer Woche ein.

> **TIPP:**   Verweisen Sie wechselseitig auf die sich ergänzenden Vorschriften des § 38 Abs. 1 SGB III, § 159 Abs. 1 S. 2 Nr. 7 SGB III, sowie § 2 Abs. 2 S. 2 Nr. 3 SGB III! Auch ist am Rand des § 159 Abs. 1 S. 2 Nr. 7 SGB III ein Verweis auf Abs. 6 des § 159 SGB III wichtig wegen der in diesem Fall auf eine Woche begrenzten Dauer der Sperrzeit.

Lösungsvorschlag Fall 107:

a) Nein: Der Anspruch auf Arbeitslosengeld bei Arbeitslosigkeit setzt gemäß § 137 Abs. 1 SGB III voraus, dass der Arbeitnehmer arbeitslos ist, sich gemäß § 141 SGB III persönlich arbeitslos gemeldet hat sowie die Anwartschaftszeit nach §§ 142, 143 SGB III erfüllt hat. A hat sich persönlich arbeitslos gemeldet und hat durch seine seit vier Jahren bestehende Beschäftigung bei X die Anwartschaftszeit von mindestens zwölf Monaten binnen einer Rahmenfrist von zwei Jahren erfüllt.

Jedoch ist A nicht arbeitslos im Sinne des § 138 SGB III: Gemäß § 138 Abs. 3 SGB III schließt nur eine für weniger als fünfzehn Wochenstunden ausgeübte nichtselbstständige oder selbstständige Erwerbstätigkeit die für Arbeitslosigkeit vorausgesetzte Beschäftigungslosigkeit nach § 138 Abs. 1 Nr. 1 SGB III aus. A übt jedoch bei Addierung der zehn Wochenstunden nichtselbstständiger und fünf Wochenstunden selbstständiger Erwerbstätigkeit eine Beschäftigung von fünfzehn Wochenstunden aus. Er ist daher nicht beschäftigungslos im Sinne des § 138 Abs. 1 Nr. 1 SGB III und damit nicht arbeitslos.

b) Nein: Es ist hier die Verfügbarkeit nach § 138 Abs. 5 SGB III näher zu überprüfen. Verfügbarkeit setzt nach § 138 Abs. 5 Nr. 1 SGB III voraus, dass der arbeitsuchende Arbeitnehmer eine versicherungspflichtige zumutbare Beschäftigung von mindestens fünfzehn Wochenstunden ausüben kann und darf und hierzu nach § 138 Abs. 5 Nr. 3 SGB III bereit ist. Aus personenbezogenen Gründen nach § 140 Abs. 4 SGB III ist eine Beschäftigung nicht zumutbar, wenn sie eine unverhältnismäßig lange tägliche Pendelzeit erfordert von mehr als zweieinhalb Stunden bei einer Arbeitszeit von mehr als sechs Stunden. Bei einer täglichen Arbeitszeit von acht Stunden ist eine tägliche Pendelzeit von nicht mehr als zweieinhalb Stunden noch nicht unverhältnismäßig lang und damit zumutbar. Da A hierzu nicht bereit ist, gilt er als nicht verfügbar im Sinne des § 138 Abs. 5 Nr. 3 SGB III und damit nicht als arbeitslos gemäß § 138 Abs. 1 Nr. 3 SGB III. Die Voraussetzung der Arbeitslosigkeit nach § 137 Abs. 1 Nr. 1 SGB III für den Arbeitslosengeldanspruch des A ist nicht erfüllt.

> **TIPP:** Von der grundsätzlichen Bereitschaft, eine zumutbare Beschäftigung anzunehmen, als Voraussetzung für den Arbeitslosengeldanspruch nach § 138 Abs. 5 Nr. 3 SGB III ist die Ablehnung einer zumutbaren Beschäftigung im Einzelfall zu unterscheiden. Diese löst eine Sperrzeit wegen Arbeitsablehnung nach § 159 Abs. 1 S. 2 Nr. 2 SGB III aus.

Lösungsvorschlag Fall 108:

a) Ja: A erfüllte nach dem 31. Juli die Voraussetzungen auf Arbeitslosengeld bei Arbeitslosigkeit nach § 137 SGB III. Gemäß § 157 Abs. 1 SGB III ruhte der Arbeitslosengeldanspruch ab dem 1. August, da A während des durch die unwirksame Kündigung nicht beendeten Arbeitsverhältnisses nach den Grundsätzen des Annahmeverzugs nach § 615 BGB Arbeitsentgelt zu beanspruchen hatte. Jedoch erhielt A das Arbeitslosengeld dennoch während des Kündigungsschutzprozesses gemäß § 157 Abs. 3, da in dieser Zeit das zu beanspruchende Arbeitsentgelt von X nicht an A ausbezahlt wurde.

b) Der Arbeitsentgeltanspruch des A gegen X ging, soweit während des Annahmeverzugs des X von der Agentur für Arbeit gemäß § 157 Abs. 1 SGB III Arbeitslosengeld an A geleistet wurde, gemäß § 157 Abs. 3 S. 1 SGB III i.V.m. § 115 SGB X auf die Agentur für Arbeit in Höhe des vorgeleisteten Arbeitslosengelds über. Da jedoch X bereits versehentlich an A – als nicht mehr berechtigten Gläubiger hinsichtlich des an die Agentur für Arbeit übergegangenen Entgeltanspruchs – die aufgelaufene Lohnforderung direkt in voller Höhe gezahlt hat, kann die Agentur für Arbeit von A verlangen, dass er das erhaltene Arbeitslosengeld an die Agentur für Arbeit gemäß § 157 Abs. 3 S. 2 SGB III zurückzahlt.

Lösungsvorschlag Fall 109:

a) Nein: Es ist zu prüfen, ob der Fall einer Sperrzeit nach § 159 Abs. 1 S. 2 Nr. 1 SGB III wegen Selbstlösung des Beschäftigungsverhältnisses der A vorliegt. Jedoch gilt das Unterlassen der Erhebung einer Kündigungsschutzklage noch nicht als eine Sperrzeit auslösendes vorwerfbares Eigenverschulden des Arbeitnehmers am Verlust seiner Beschäftigung.

b) Nein: Ein Aufhebungsvertrag stellt zwar eine vom Arbeitnehmer zu verantwortende Selbstlösung seines Beschäftigungsverhältnisses dar. Jedoch wird bei Hinnahme einer betriebsbedingten Kündigung bei vereinbarter Abfindung in den Grenzen des § 1a KSchG – wie hier: 1/2 Gehalt pro Beschäftigungsjahr – nach der Wertung des § 1a KSchG von einem wichtigen Grund i.S.d. § 159 Abs. 1 S. 1 SGB III ausgegangen.

> **TIPP:** Fall b) entspricht der Rechtsprechung und Verwaltungspraxis auf Grundlage der BSG-Urteile vom 18.12.2003 zu B 11 AL 35/03 R sowie vom 12.7.2006 zu B 11a AL 47/05.
>
> Bei gerichtlichen Vergleichen ist gemäß BSG-Urteil vom 17.10.2008 zu B 11a AL 51/06 sogar bei über die Grenzen des § 1a KSchG hinausgehender Abfindung wegen des Interesses des Arbeitnehmers an der Prozessbeendigung von einem wichtigen Grund nach § 159 Abs. 1 S. 1 SGB III auszugehen.

c) Nein: Das Fortführen einer dauerhaften nichtehelichen Lebensgemeinschaft, insbesondere wenn hieraus gemeinsame Kinder hervorgegangen sind – wie im vorliegenden Fall –, ist ein wichtiger Grund, der die Selbstlösung des Beschäftigungsverhältnisses im Sinne des § 159 Abs. 1 S. 1 SGB III rechtfertigt. Die aus wichtigem Grund erfolgte fristgerechte Eigenkündigung der A führt nicht zu einer Sperrzeit hinsichtlich des Arbeitslosengeldanspruchs.

d) Ja: Die einvernehmliche Abkürzung von Kündigungsfristen steht einem Aufhebungsvertrag im Sinne einer vom Arbeitnehmer selbst zu verantwortenden – hier vorzeitigen – Auflösung des Beschäftigungsverhältnisses gleich. Eine besondere Wertung wie Fall b) ist in Fall d) ohne wichtigen Grund durch Abfindung im Rahmen des § 1a KSchG nicht ersichtlich.

Lösungsvorschlag Fall 110:

a) Bei der durch arbeitsvertragswidriges Verhalten veranlassten Lösung des Beschäftigtenverhältnisses handelt es sich um eine Fallgruppe der Sperrzeit wegen Arbeitsaufgabe i.S.d. § 159 Abs. 1 S. 2 Nr. 1 SGB III. Diese dauert gemäß § 159 Abs. 3 SGB III grundsätzlich zwölf Wochen. Ein Verkürzungstatbestand ist hier nicht ersichtlich.

b) Bei verspäteter Arbeitssuchendmeldung nach § 38 SGB III tritt eine Sperrzeit nach § 159 Abs. 1 S. 2 Nr. 7 SGB III ein mit der Dauer von einer Woche gemäß § 159 Abs. 6 SGB III.

c) Es handelt sich um eine Sperrzeit bei Arbeitsablehnung i.S.d. § 159 Abs. 1 S. 2 Nr. 2 SGB III. Gemäß § 159 Abs. 4 Nr. 1 SGB III gilt für diese beim ersten Mal des entsprechenden versicherungswidrigen Verhaltens – wie hier – eine Dauer von drei Wochen.

Lösungsvorschlag Fall 111:

a) Ja: A erfüllte am 1. April die Voraussetzungen des Arbeitslosengeldanspruchs bei Arbeitslosigkeit nach § 137 Abs. 1 SGB III. Es ist zunächst zu prüfen, ob der Arbeitslosengeldanspruch gemäß § 158 SGB III aufgrund einer Entlassungsentschädigung ruht. Gemäß § 158 Abs. 1 SGB III ist hierfür vorausgesetzt, dass das

Arbeitsverhältnis ohne Einhaltung einer der ordentlichen Kündigungsfrist des Arbeitgebers entsprechenden Frist beendet wurde. Die ordentliche Kündigungsfrist der seit elf Jahren angestellten A würde gemäß § 622 Abs. 2 S. 1 Nr. 4 BGB vier Monate zum Monatsende betragen. Der am 22. November zum 31. März geschlossene Aufhebungsvertrag hat diese Frist gewahrt. Ein Ruhen des Arbeitslosengeldanspruchs nach § 158 SGB III scheidet daher aus.

Eine Sperrzeit nach § 159 Abs. 1 S. 2 Nr. 1 SGB III wegen Selbstlösung des Beschäftigungsverhältnisses scheidet bereits deshalb aus, weil die Arbeitsaufgabe wegen trotz versuchter Gegenmaßnahmen nicht behebbaren Mobbings als wichtiger Grund nach § 159 Abs. 1 S. 1 SGB III gilt.

A erhält ab 1. April Arbeitslosengeld.

b) Im Unterschied zu a) ist bei dem zum 31. Dezember abgeschlossenen Aufhebungsvertrag die bis 31. März laufende ordentliche Kündigungsfrist des Arbeitgebers nicht eingehalten. Daher würde der Arbeitslosengeldanspruch der A gemäß § 158 Abs. 1 SGB III bis zum Ablauf der eingehaltenen Kündigungsfrist grundsätzlich ruhen. Die Dauer des Ruhens ist gemäß § 158 Abs. 2 S. 2 Nr. 1 SGB III auf den Zeitraum beschränkt, in dem der Arbeitnehmer bei weiterer Vergütung bis zum Ablauf der ordentlichen Kündigungsfrist höchstens 60 % der Entlassungsentschädigung verdient hätte. Der zu erreichende Abfindungsanteil von 60 % vermindert sich gemäß § 158 Abs. 2 S. 3 SGB III um je 5 % pro fünf Lebensjahre nach Vollendung des 35. Lebensjahr und 5 % pro fünf Beschäftigungsjahre, bis zur Grenze von mindestens 25 % der Entschädigung.

Im Fall der 48-jährigen A vermindert sich der mit der fiktiven Entgeltfortzahlung zu erreichende Anteil der Abfindung von 60 % um weitere 2 × 5 % wegen des Alters der A sowie um weitere 2 × 5 % wegen der elfjährigen Betriebszugehörigkeit der A auf 60 % – 20 % = 40 %. Damit ruht das Arbeitsverhältnis der A, bis sie 4.000 € im Wege kalendertäglicher Fortzahlung ihres zuletzt bezogenen Gehalts erreicht hätte. Das Monatsgehalt der A ergibt umgerechnet als kalendertägliches Entgelt 2.400 : 30 = 80,00 €. Der zu erreichende Abfindungsanteil von 4.000 € geteilt durch das kalendertägliche Entgelt von 80,00 € ergibt 50 Kalendertage. Der Arbeitslosengeldanspruch der A ruht ab 1. Januar für 50 Tage, d.h. bis zum 19. Februar.

> **TIPP:** Unterstreichen sie sich im Text des § 158 SGB III folgende wesentlichen Kriterien als übersichtlich vorgearbeitetes Raster: in Absatz 1 „ohne Einhaltung einer der ordentlichen Kündigungsfrist des Arbeitgeber entsprechenden Frist" sowie in Absatz 2 „bei Weiterzahlung", „kalendertäglich verdienten Arbeitsentgelts", „sechzig Prozent", „ fünf Jahre des Arbeitsverhältnisses", „fünf Lebensjahre", „ zu je fünf Prozent" und „nicht weniger als fünfundzwanzig Prozent"!

Lösungsvorschlag Fall 112:

a) Die zwei ausstehenden Gehälter aus der Zeit vor der Insolvenzeröffnung kann A gegenüber der Agentur für Arbeit als Insolvenzgeld nach § 165 Abs. 1 SGB III geltend machen, welches den Zeitraum der letzten drei Monate vor der Eröffnung des Insolvenzverfahrens umfasst. Die Höhe des Insolvenzgelds ist gemäß § 167 Abs. 1 SGB III auf das Nettoarbeitsentgelt beschränkt. Es beträgt daher im Fall des A 1.900 € × 3 = 5.700 €.

b) Gemäß § 324 Abs. 3 SGB III muss A das Insolvenzgeld binnen einer Ausschlussfrist von zwei Monaten nach dem Insolvenzeröffnungsantrag vom 13. Juni beantragen, also spätestens bis zum 13. August.

c) Nach Insolvenzeröffnung auflaufende Lohnansprüche des A wären gegenüber dem Insolvenzverwalter als Masseverbindlichkeiten nach § 55 Abs. 1 Nr. 2 InsO geltend zu machen.

2. Arbeitsgerichtsprozess

Lösungsvorschlag Fall 113:

a) Ja: Gemäß § 2 Abs. 1 Nr. 3 b) ArbGG sind die Gerichte für Arbeitssachen ausschließlich zuständig für bürgerliche Rechtsstreitigkeiten zwischen Arbeitnehmern und Arbeitgebern über das Bestehen oder Nichtbestehen eines Arbeitsverhältnisses. Als Arbeitnehmer im Sinne des ArbGG gelten gemäß § 5 Abs. 1 S. 1 ArbGG auch Auszubildende. Daher ist für die Kündigungsschutzklage der N das Arbeitsgericht zuständig.

> **TIPP:**   Unterstreichen Sie in Satz 1 des § 5 Abs. 1 ArbGG die Worte „im Sinne dieses Gesetzes"! Warum? Die Überschrift des § 5 „Begriff des Arbeitnehmers" hat schon viele Klausurteilnehmer dazu verleitet, auf die Frage nach der grundsätzlichen Definition des Arbeitnehmerbegriffs im Arbeitsrecht die ersten beiden Sätze des § 5 Abs. 1 ArbGG abzuschreiben. Es ist jedoch verfehlt, z.B. auch Auszubildende oder arbeitnehmerähnliche Personen wesensgemäß als Arbeitnehmer zu qualifizieren. § 5 Abs. 1 ArbGG erweitert lediglich den Anwendungsbereich des ArbGG auch auf diese genannten Personengruppen.

b) Ja: Gemäß § 2 Abs. 1 Nr. 3 c) ArbGG sind für bürgerliche Rechtsstreitigkeiten zwischen Arbeitnehmern und Arbeitgebern über Ansprüche aus der Nachwirkung aus einem beendeten Arbeitsverhältnis – worunter wie hier auch Zeugnisstreitigkeiten zählen – die Arbeitsgerichte ausschließlich zuständig.

c) Es kommt darauf an, ob zwischen der GmbH und ihrem Geschäftsführer C eine Vereinbarung gemäß § 2 Abs. 4 ArbGG getroffen worden ist, dass zwischen ihnen bestehende bürgerliche Rechtsstreitigkeiten vor die Arbeitsgerichte zu bringen sind. Ohne eine derartige Vereinbarung gilt ein Geschäftsführer als gesetzlicher Vertreter einer GmbH gemäß § 5 Abs. 1 S. 3 ArbGG nicht als Arbeitnehmer im Sinne des ArbGG. Die Zuständigkeit der Arbeitsgerichte für die Lohnklage des C wäre nach § 2 Abs. 1 Nr. 3 a) ArbGG gegeben, wenn es sich um eine bürgerliche Rechtsstreitigkeit zwischen einem Arbeitnehmer – im Sinne des ArbGG – und einem Arbeitgeber aus dem Arbeitsverhältnis handeln würde. Ohne Vereinbarung nach § 2 Abs. 4 ArbGG ist dies bei einem GmbH-Geschäftsführer zu verneinen.

d) Ja: Das Arbeitsgericht ist zuständig für die Lohnklage des D gemäß § 2 Abs. 1 Nr. 3 a) ArbGG i.V.m. § 5 Abs. 1 S. 2 ArbGG. Als Arbeitnehmer im Sinne des ArbGG gelten nach § 5 Abs. 1 S. 2 ArbGG auch arbeitnehmerähnliche Personen aufgrund ihrer wirtschaftlichen Unselbstständigkeit. Der freie Mitarbeiter D ist zwar kein persönlich weisungsgebundener Arbeitnehmer, jedoch gilt er entsprechend § 12a Abs. 1 b) TVG als arbeitnehmerähnlich: Er bezieht mehr als die Hälfte seines Entgelts von Auftraggeber X. Desweiteren erbringt D als Mitarbeiter in dem Architekturbüro seine Leistung im Sinne des § 12a Abs. 1 S. 1 TVG persönlich ohne eigene Arbeitnehmer und ist in Anbetracht der Abhängigkeit seines Lebensunterhalts von seiner Arbeitskraft einem Arbeitnehmer vergleichbar sozial schutzbedürftig.

e) Ja: Die Arbeitsgerichte sind gemäß § 2a Abs. 1 Nr. 1 ArbGG für Angelegenheiten aus dem Betriebsverfassungsgesetz ausschließlich zuständig, somit auch für den streitgegenständlichen Antrag des X gemäß § 99 Abs. 4 BetrVG.

f) Ja: Das Arbeitsgericht ist gemäß § 2 Abs. 1 Nr. 3 b) ArbGG für die Kündigungsschutzklage des F zuständig. Das in der Sache einschlägige Kündigungsverbot nach § 15 Abs. 3a KSchG betrifft zwar den Schutz des Arbeitnehmers, der eine Betriebsratswahl initiiert. Die daraus folgende Kündigungsschutzklage stellt jedoch keine Angelegenheit des Betriebsverfassungsgesetzes im Sinne des § 2a Nr. 1 BetrVG dar. Die Zuständigkeit des Arbeitsgerichts ergibt sich aus § 2 Abs. 1 Nr. 3 b) ArbGG.

> **TIPP:** § 2 und § 2a ArbGG unterscheiden sich nur hinsichtlich des Verfahrens, nicht hinsichtlich der Rechtswegzuständigkeit der Arbeitgerichte als solcher. In Angelegenheiten nach § 2 ArbGG gilt das Urteilsverfahren, in Angelegenheiten nach § 2a ArbGG das Beschlussverfahren.

g) Ja: Das Arbeitsgericht ist zuständig, da es sich bei dem geltend gemachten Entschädigungsanspruch nach § 15 Abs. 2 AGG um einen Anspruch aus Verhandlungen über die Eingehung von Arbeitsverhältnissen i.S.d. § 2 Abs. 1 Nr. 3 c) ArbGG handelt.

Lösungsvorschlag Fall 114:

a) Gemäß § 46 Abs. 2 S. 1 ArbGG gelten für die örtliche Zuständigkeit der Arbeitsgerichte die Bestimmungen der ZPO, sofern das ArbGG nichts anderes bestimmt. In § 48 Abs. 1a ArbGG ist mit dem Gerichtsstand des „gewöhnlichen Arbeitsortes" in Urteilsverfahren nach § 2 ArbGG ein weiterer Wahlgerichtsstand eröffnet, der jedoch andere nach ZPO mögliche Gerichtsstände nicht ausschließt. Für die Klage des A sind folgende Gerichtsstände möglich:

- Offenbach: allgemeiner Gerichtsstand des Wohnsitzes des Betriebsinhabers X gemäß §§ 12, 13 ZPO i.V.m. § 46 Abs. 2 S. 1 ArbGG
- Frankfurt: besonderer Gerichtsstand des Erfüllungsortes bzw. Gerichtsstand des gewöhnlichen Arbeitsortes § 29 Abs.1 ZPO i.V.m. § 46 Abs. 2 S. 1 ArbGG bzw. § 48 Abs. 1a ArbGG i.V.m. § 2 Abs. 1 Nr. 3 a) ArbGG

Auf die an einen anderen Ort ausgelagerte Abrechnungsstelle kommt es nicht an.

b) A kann an folgenden Orten arbeitsgerichtliche Klage erheben:

- Berlin: allgemeiner Gerichtsstand des Firmensitzes der X-GmbH gemäß §§ 17 ZPO i.V.m. § 46 Abs. 2 S. 1 ArbGG
- Augsburg: besonderer Gerichtsstand des gewöhnlichen Arbeitsortes gemäß § 48 Abs. 1a ArbGG i.V.m. § 2 Abs. 1 Nr. 3 a) ArbGG

Lösungsvorschlag Fall 115:

a) Nein: N müsste gemäß § 46 Abs. 2 S. 1 ArbGG i.V.m. § 52 ZPO geschäftsfähig sein. Nach § 106 BGB ist die minderjährige N jedoch lediglich beschränkt geschäftsfähig. Eine Erweiterung der Geschäftsfähigkeit entsprechend § 113 Abs. 1 BGB im Rahmen eines mit Ermächtigung der gesetzlichen Vertreter eingegangenen Dienst- oder Arbeitsverhältnisses gilt für Auszubildende nicht, da hier nicht Dienstleistung, sondern der Ausbildungszweck im Vordergrund steht.

b) Nein: Gemäß § 111 Abs. 2 S. 5 ArbGG muss bei Vorhandensein eines Schlichtungsausschusses der für die Berufsausbildung zuständigen Stelle – wie hier der Rechtsanwaltskammer als zuständige Stelle für die Berufsausbildung der B gemäß § 71 Abs. 4 BBiG – der Klageerhebung der Auszubildenden eine Verhandlung vor dem Schlichtungsausschuss vorangegangen sein. Dies ist im Fall der B nicht erfolgt. Die Klage ist unzulässig.

> **TIPP:** Die nach § 111 Abs. 2 S. 5 ArbGG vorgeschriebene Verhandlung vor einem bestehenden Schlichtungsausschuss ist zwar eine unverzichtbare, auch nicht durch rügeloses Verhandeln zu übergehende Prozessvoraussetzung. Die Klage wird aber nachträglich als zulässig „geheilt", wenn nach Klageerhebung und noch vor der streitigen Verhandlung das Schlichtungsverfahren ohne bindenden Spruch durchgeführt worden ist.

Lösungsvorschlag Fall 116:

Gemäß § 111 Abs. 2 S. 3 ArbGG ist im Fall eines Schlichtungsverfahrens statt der ansonsten für außerordentliche Kündigungen geltenden Dreiwochenfrist nach § 13 i.V.m. § 4 KSchG folgende Klagefrist zu wahren: Wird der vom Schlichtungsausschuss nach Anhörung der Parteien gefällte Spruch nicht binnen einer Woche von beiden Parteien anerkannt – wie hier –, kann binnen zwei Wochen nach dem ergangenen Schlichtungsspruch Klage erhoben werden. Das heißt für B, dass sie ihre Kündigungsschutzklage spätestens bis Donnerstag, den 27. April, beim Arbeitsgericht erheben muss.

> **TIPP:** Verweisen Sie bei § 13 Abs. 1 KSchG auf § 111 Abs. 2 ArbGG!

Lösungsvorschlag Fall 117:

a) Y muss gemäß § 12a Abs. 1 S. 1 und 2 ArbGG X darauf hinweisen, dass im erstinstanzlichen Verfahren des für die Kündigungsschutzklage des A gemäß § 2 Abs. 1 Nr. 3 b) ArbGG geltenden Urteilsverfahrens die Anwaltskosten auch im Fall des Obsiegens nicht von der unterliegenden Partei erstattet werden.

b) Gemäß § 42 Abs. 2 S. 1 GKG ist für den Rechtsstreit über das Bestehen oder Nichtbestehen bzw. über die Kündigung eines Arbeitsverhältnisses der Streitwert auf den Vierteljahresverdienst begrenzt. Nach dem im Arbeitsrecht geltenden Bruttoprinzip ist daher im Fall der Kündigungsschutzklage des A als Streitwert ein Betrag in Höhe von drei Bruttomonatsgehältern von je 1.800 € = 5.400 € anzusetzen.

> **TIPP:** Die Streitwertkommission der Arbeitsgerichtsbarkeit (NZA 2018, S. 498 ff.) geht von einem grundsätzlichen Regelstreitwert von drei Gehältern für auf unbestimmte Zeit gerichtete Bestandsschutzklagen aus unabhängig von der Dauer des bisherigen Bestands des Arbeitsverhältnisses. Unstrittig gilt für Klagen, die auf einen Fortbestand unter 3 Monaten gerichtet sind, als Streitwert das auf den entsprechenden Zeitraum begrenzte Entgelt.

c) Es verbleibt bei dem Streitwert des Vierteljahresverdienstes für die Kündigungsschutzklage. Dieser erhöht sich nicht um fällige Rückstände gemäß § 42 Abs. 3 S. 1 HS 2 GKG (Zusammenrechnungsverbot).

d) Der Streitwert beträgt gleichermaßen einen Vierteljahresverdienst, also 5.400 €. Eine Abfindung ist gemäß § 42 Abs. 2 S. 1 HS 2 GKG nicht hinzuzurechnen.

e) Ein Kündigungsschutzantrag gegen eine Änderungskündigung, bei der das Änderungsangebot – wie hier – abgelehnt wurde, ist mit dem grundsätzlich für Kündigungsschutzklagen anzusetzenden Streitwert von drei vollen Gehältern nach § 42 Abs. 2 S. 1 GKG zu bewerten. Der Streitwert der Klage des A beträgt daher 5.400 €.

> **TIPP:** Umstritten ist der Streitwert bei Klagen gegen Änderungskündigungen, wenn die Änderung unter Vorbehalt angenommen wurden: Gemäß Streitwertkatalog der Streitwertkommission der Arbeitsgerichtsbarkeit (NZA 2018, S. 498 ff.) ist ein Wert von 1 bis 3 Gehälter je nach Grad der Vertragsänderung anzusetzen. Bei Vergütungsänderung bzw. sonstigen wirtschaftlich messbaren Nachteilen gelte gemäß § 42 Abs. 1 GKG die dreifache Jahresdifferenz, jedoch begrenzt auf den Vierteljahresverdienst nach § 42 Abs. 2 GKG sowie mindestens 1 Monatsgehalt.

f) Als Streitwert für ein Zwischenzeugnis gilt ein volles Bruttomonatsgehalt als angemessen. Insoweit erhöht sich der Verfahrensstreitwert.

> **TIPP:** Wird ein Zwischen- und ein Endzeugnis (kumulativ oder hilfsweise) im Verfahren verlangt, gilt ein Gesamtstreitwert von einem Monatsgehalt.

Lösungsvorschlag Fall 118:

a) Gemäß § 46a Abs. 2 ArbGG ist bereits für die Durchführung des Mahnverfahrens das Prozessgericht zuständig. Für die Klage gegen die X-GmbH wäre gemäß § 46 Abs. 2 ArbGG sowohl i.V.m. § 17 ZPO (Sitz der GmbH) als auch i.V.m. § 29 Abs. 1 ZPO (Erfüllungsort) das Arbeitsgericht Augsburg zuständig. Nach § 46a Abs. 2 ArbGG ist das Arbeitsgericht Augsburg auch für die Durchführung des Mahnverfahrens zuständig.

b) Die Widerspruchsfrist beträgt gemäß § 46a Abs. 3 ArbGG eine Woche.

Lösungsvorschlag Fall 119:

a) Ja: Gemäß § 47 Abs. 1 ArbGG reicht es aus, wenn die Klage binnen der Einlassungsfrist von mindestens einer Woche vor dem Verhandlungstermin zugestellt worden ist.

b) Nein: Das Arbeitsgericht hat entsprechend dem Grundsatz nach § 47 Abs. 2 ArbGG den beklagten X nicht zu einer Klageerwiderung aufgefordert.

c) Nein: Gemäß § 11 Abs. 1 S. 1 ArbGG besteht bei Kündigungsschutzklagen im erstinstanzlichen Verfahren vor den Arbeitsgerichten kein Anwaltszwang.

d) Ja: Nach § 11 Abs. 2 S. 2 Nr. 1 ArbGG sind sowohl Beschäftigte der Partei als auch nach § 11 Abs. 2 S. 2 Nr. 2 ArbGG volljährige Familienangehörige vertretungsbefugt. Somit ist die Ehefrau des X in beiderlei Hinsicht zur Vertretung befugt.

e) Keinen: Die Güteverhandlung bezweckt gemäß § 54 Abs. 1 ArbGG ausschließlich die Verhandlung zu einer gütlichen Einigung der Parteien. Ein Klageabweisungsantrag des X kann noch nicht in der Güteverhandlung gestellt werden.

Lösungsvorschlag Fall 120:

a) Ja: Gemäß § 64 Abs. 2 Nr. c) ArbGG ist bei Rechtsstreitigkeiten über das Bestehen oder Nichtbestehen bzw. über die Kündigung eines Arbeitsverhältnisses die Berufung stets zulässig. Im Sinne des ArbGG gelten gemäß § 5 Abs. 1 S. 1 ArbGG auch Auszubildende als Arbeitnehmer. Daher ist hinsichtlich der Kündigungsschutzklage der Auszubildenden N die Berufung zulässig.

b) Nein: Die Einlegung der Berufung hinsichtlich der Lohnstreitigkeit wäre zulässig, wenn gemäß § 64 Abs. 2 Nr. b) ArbGG der Beschwerdewert von 600 € überstiegen wäre oder wenn die Berufung gemäß § 64 Abs. 2 Nr. a) ArbGG im Urteil des Arbeitsgerichts zugelassen wäre. Beides ist im Fall der N nicht gegeben. Die Berufung ist unzulässig.

c) Gemäß § 64 Abs. 1 ArbGG ist die Berufung bei dem Landesarbeitsgericht als Berufungsgericht einzulegen. Die Frist für die Einlegung der Berufung beträgt nach § 66 Abs. 1 S. 1 und 2 ArbGG ein Monat nach Zustellung des vollständig abgefassten Urteils. Die Berufung der N wäre daher ein Monat nach dem 20. Juni, also spätestens bis zum 20. Juli bei dem örtlich zuständigen Landesarbeitsgericht einzulegen.

C. Übungsklausuren/ Fragestellungen im Prüfungsgespräch

I. Übungsklausur A

1. Aufgaben

Die folgende Übungsklausur ist auf eine Zeitvorgabe von eineinhalb Stunden ausgerichtet. Auf die Anzahl der für die jeweiligen Lösungen zu vergebenden Punkte ist bei der Aufgabenstellung hingewiesen. Die Klausur steht unter dem Bearbeitervermerk, dass die Antworten jeweils zu begründen sind sowie einschlägige Rechtsvorschriften anzugeben sind.

Aufgabe 1: (= 5 Punkte)

Welche jeweilige Hauptpflicht und Nebenpflicht besteht für Arbeitgeber und Arbeitnehmer in einem Arbeitsverhältnis?

Aufgabe 2: (= 3 Punkte)

Nennen Sie drei Merkmale, die gemäß AGG vor Diskriminierung zu schützen sind!

Aufgabe 3: (= 6 Punkte)

Unter welchen Voraussetzungen kann ein neues Arbeitsverhältnis mit einem ehemaligen Arbeitnehmer desselben Betriebs wirksam für ein Jahr befristet werden?

Aufgabe 4: (a = 2 Punkte; b = 7 Punkte)

a) Hat ein seit 2 Wochen angestellter Arbeitnehmer Anspruch auf Entgeltfortzahlung im Krankheitsfall?

b) Die seit einem Jahr bei X angestellte Arbeitnehmerin A war vom 15. April – 25. Mai wegen einer Bandscheiben-Operation und anschließendem Reha-Aufenthalt arbeitsunfähig. Vier Wochen nach der Operation hatte sie einen Blinddarmdurchbruch, was eine weitere fünfwöchige Arbeitsunfähigkeit bedingt. – Für welchen Zeitraum hatte A Anspruch auf Arbeitsentgelt gegenüber ihrem Arbeitgeber?

Aufgabe 5: (= 4 Punkte)

Wie lange ohne Pause und bis zu welcher Tageszeit darf ein minderjähriger Arbeitnehmer grundsätzlich höchstens beschäftigt werden?

Aufgabe 6: (= 7 Punkte)

Zwei Wochen nach seinem 16. Geburtstag wurde N am 1. März – mit Einwilligung seiner Eltern – im Betrieb X für die Tage Montag und Mittwoch als Hilfskraft eingestellt. Welcher Urlaubsanspruch ist für N im Jahr seiner Einstellung entstanden?

Aufgabe 7:   (a = 4 Punkte; b = 4 Punkte)

Braucht Arbeitgeber X einen ausreichenden Kündigungsgrund, wenn er seinem volljährigen Arbeitnehmer A, den er am 1. April in seinen Betrieb mit ca. zwanzig Arbeitnehmern eingestellt hat,

a) am 25. September ordentlich kündigen will?

b) am 25. September fristlos kündigen will?

Aufgabe 8:   (= 2 × 4 Punkte)

a) Welche drei Grundvoraussetzungen sind für den Anspruch auf Arbeitslosengeld bei
    Arbeitslosigkeit zu erfüllen?

b) Besteht für Auszubildende gesetzliche Krankenversicherungspflicht? Sind geringfü-
    gig Beschäftigte gesetzlich unfallversichert?

2. Lösungsvorschläge

Lösungsvorschlag Aufgabe 1:

Gemäß § 611a Abs. 2 BGB ist Hauptpflicht des Arbeitgebers dies Vergütungspflicht
und Hauptpflicht des Arbeitnehmers die Arbeitspflicht. Nebenpflicht des Arbeitgebers
ist die Fürsorgepflicht. Nebenpflicht des Arbeitnehmers ist die Treuepflicht.

> **TIPP:**
> • Achten Sie auf die Fragestellung und deren Begrenzung! Es war hier nur nach **der** je-
>   weiligen Haupt- bzw. Nebenpflicht gefragt. Eine Auswahl hiervon abgeleiteter einzel-
>   ner Pflichten wäre nicht zu werten und würde sinnlos Klausurzeit verbrauchen.
> • Die klassischen Begriffe der Fürsorgepflicht und Treuepflicht werden teils in der neu-
>   eren Literatur mittlerweile ersetzt durch die jeweilige Rücksichtnahmepflicht der Ver-
>   tragspartner Arbeitnehmer und Arbeitgeber als deren aus §§ 241 Abs. 2, 242 BGB
>   herzuleitende Nebenpflicht.

Lösungsvorschlag Aufgabe 2:

Z.B. Alter, Geschlecht, ethnische Herkunft.

Lösungsvorschlag Aufgabe 3:

• Mit sachlichem Befristungsgrund, da eine Befristung nach § 14 Abs. 2 S. 2 TzBfG
  ohne sachlichen Befristungsgrund nur bei Neueinstellungen zulässig wäre.
• Sowie mit schriftlicher Befristungsvereinbarung gemäß § 14 Abs. 4 TzBfG bei Beginn des befristeten Arbeitsverhältnisses.

Lösungsvorschlag Aufgabe 4:

a) Nein, da er die vierwöchige Wartezeit nach § 3 Abs. 3 EFZG noch nicht erfüllt hat.

b) Gemäß § 3 Abs. 1 S. 1 EFZG besteht Anspruch auf Entgeltfortzahlung für höchstens sechs Wochen. Wenn eine erneute Arbeitsunfähigkeit zwar aufgrund einer anderen Erkrankung, jedoch während noch andauernder Arbeitsunfähigkeit einer vorausgegangenen Erkrankung eintritt, wird aufgrund des Grundsatzes der Einheit des Verhinderungsfalls die sechswöchige Entgeltfortzahlungspflicht nur im Ganzen für sechs Wochen ausgelöst. Ergebnis: A hatte also nur für sechs Wochen ab dem 15.4. Anspruch auf Entgeltfortzahlung.

Lösungsvorschlag Aufgabe 5:

- Gemäß § 11 Abs. 2 bzw. § 11 Abs. 1 S. 2 JArbSchG darf ein Jugendlicher nicht länger als viereinhalb Stunden ohne Pause beschäftigt werden.
- Gemäß § 14 Abs. 1 JArbSchG darf ein Jugendlicher grundsätzlich nur im Zeitrahmen von 6 bis 20 Uhr beschäftigt werden.

Lösungsvorschlag Aufgabe 6:

Gemäß § 1 Abs. 1 Nr. 2, § 2 Abs. 2 JArbSchG ist für N das JArbSchG anwendbar. Nach § 19 Abs. 2 Nr. 1 JArbSchG hatte N, der am Jahresanfang noch nicht 16 Jahre alt war, einen Jahresurlaubsanspruch von dreißig Werktagen. Umgerechnet gemäß § 19 Abs. 4 JArbSchG i.V.m. § 3 Abs. 2 BUrlG ergibt dies folgenden Jahresurlaubsanspruch:

30 : 6 Werktage × 2 Arbeitstage = 10 Urlaubstage

Gemäß § 19 Abs. 4 JArbSchG i.V.m. § 4 BUrlG entstand nach sechsmonatigem Bestehen des am 1. März begonnenen Arbeitsverhältnisses der Jahresurlaubsanspruch für das Einstellungsjahr voll.

Lösungsvorschlag Aufgabe 7:

a) Nein: Am Tag der Kündigungserklärung ist die Wartefrist von mehr als sechs Monaten der Dauer des Beschäftigungsverhältnisses des A bei X gemäß § 1 Abs. 1 KSchG noch nicht erreicht. Daher ist eine soziale Rechtfertigung nach § 1 Abs. 2 KSchG und damit ein personen-, verhaltens- oder betriebsbedingter Kündigungsgrund zur Wirksamkeit der Kündigung gemäß § 1 Abs. 1 KSchG jedenfalls nicht nötig.

b) Ja: Gemäß § 626 BGB bedarf die außerordentliche Kündigung stets eines wichtigen Grunds, unabhängig von Betriebsgröße oder Dauer der Betriebszugehörigkeit.

> **TIPP:** Achtung: Ausführungen zum Kündigungsschutzgesetz z.B. zu § 1 oder § 23 KSchG haben bei Aufgaben, die die Wirksamkeit einer **außer**ordentlichen Kündigung betreffen, nichts zu suchen!

Lösungsvorschlag Aufgabe 8:

a) Gemäß § 137 Abs. 1 SGB III bestehen folgende Voraussetzungen für den Arbeitslosengeldanspruch: Arbeitslosigkeit, Arbeitslosmeldung und erfüllte Anwartschaftszeit.

b) Ja: Auszubildende sind gemäß § 5 Abs. 1 Nr. 11 SGB V krankenversichert. Geringfügig Beschäftigte sind gemäß § 2 Abs. 1 Nr. 1 SGB VII als – egal ob geringfügig oder nicht geringfügig – „Beschäftigte" unfallversichert.

C

II. Übungsklausur B

1. Aufgaben

Die folgende Übungsklausur ist auf eine Zeitvorgabe von eineinhalb Stunden ausge-richtet. Auf die Anzahl der für die jeweiligen Lösungen zu vergebenden Punkte ist bei der Aufgabenstellung hingewiesen. Die Klausur steht unter dem Bearbeitervermerk, dass die Antworten jeweils zu begründen sind sowie einschlägige Rechtsvorschriften anzugeben sind.

Aufgabe 1: (= 6 Punkte)

Nennen Sie drei Anspruchsgrundlagen, nach denen Anspruch auf „Lohn ohne Arbeit" gegenüber dem Arbeitgeber besteht!

Aufgabe 2: (a = 6 Punkte; b = 7 Punkte)

Sind folgende Klauseln im Arbeitsvertrag des volljährigen in einer 3-Tage-Woche in der Kanzlei des X angestellten A wirksam?

a) „Der Urlaubsanspruch beträgt 20 Tage im Jahr. Urlaub, der im laufenden Kalender-jahr nicht genommen werden konnte, verfällt zum Kalenderjahresende und ist in keinem Fall in das Folgejahr übertragbar."

b) „Die Arbeitszeiten sind Montag, Mittwoch und Freitag je von 8 Uhr 30 bis 17 Uhr mit einer 1/2-stündigen Mittagspause um 12 Uhr 30."

Aufgabe 3: (= 7 Punkte)

Kann ein wirksames Arbeitsverhältnis entstehen, wenn dessen Befristung nur mündlich vereinbart ist?

Aufgabe 4: (a = 5 Punkte); b = 2 Punkte)

a) Welche Kriterien gelten für die Sozialauswahl bei betriebsbedingten Kündigungen?

b) Welche beiden Elemente muss eine Abmahnung enthalten?

Aufgabe 5: (a = 6 Punkte; b = 2 Punkte); c = 3 Punkte)

a) Kann Arbeitgeber X die seit 1. Juni in der Kanzlei des X mit einschließlich A insge-samt 10 Arbeitnehmern angestellte Arbeitnehmerin A am 15. Dezember wirksam ordentlich kündigen, wenn kein Kündigungsgrund vorliegt? (Die Schriftform ist ein-gehalten. Besonderer Kündigungsschutz besteht nicht.)

b) Was ist die Rechtsfolge einer wirksam im Arbeitsvertrag mit einem volljährigen Ar-beitnehmer vereinbarten Probezeit?

c) Wie lange ist die Probezeit im Ausbildungsverhältnis?

Aufgabe 6: (= 6 Punkte)

Die 50-jährige A ist bei X seit 15.9.2009 in einem unbefristeten Arbeitsverhältnis angestellt. Am 10.6.2018 schließen A und X einen betriebsbedingten Aufhebungsvertrag zum 30.9.2018. A und X vereinbaren darin eine Abfindung von 4 Monatsgehältern.

Inwieweit muss A damit rechnen, dass wegen der Abfindungszahlung ab 1.10.2018 ihr Arbeitslosengeldanspruch ruhen wird? (Die Prüfung eines evtl. anderweitigen Ruhens aufgrund Sperrfrist ist nicht geboten.)

2. Lösungsvorschläge

Lösungsvorschlag Aufgabe 1:

Z.B. bezahlter Erholungsurlaub bzw. Urlaubsentgelt nach §§ 1, 11 BUrlG, Entgeltfortzahlung im Krankheitsfall nach §§ 3, 4 EFZG, Vergütung bei Annahmeverzug des Arbeitgebers gemäß § 615 BGB etc.

> **TIPP:**
> - Achten Sie auf die Anspruchszuordnung: Lohnansprüche gegen den Arbeitgeber sind von Ansprüchen gegenüber der Krankenkasse (z.B. Mutterschaftsgeld oder Krankengeld) oder von Ansprüchen auf staatliche Leistungen (z.B. Elterngeld) zu unterscheiden.
> - Vom Lohnanspruch ist der Anspruch auf Freistellung zu unterscheiden wie z.B. § 629 BGB, § 45 III SGB V oder § 2 PflegeZG.

Lösungsvorschlag Aufgabe 2:

a) Der gesetzliche Mindesturlaub beträgt bei einer 3-Tage-Woche gemäß § 3 BUrlG 24 : 6 Werktage × 3 Arbeitstage = 12 Urlaubstage. Die in Satz 1 vereinbarten 20 Urlaubstage übersteigen zugunsten des Arbeitnehmers den gesetzlichen Mindesturlaub. Nur eine Abweichung zuungunsten des Arbeitnehmers wäre gemäß § 13 I 3 BUrlG unwirksam. Insoweit ist die Klausel also wirksam.

Der in Satz 2 der Klausel vereinbarte absolute Ausschluss einer Übertragung von Resturlaub in das Folgejahr weicht jedoch zuungunsten des Arbeitnehmers von § 7 Abs. 3 BUrlG ab, der einen Übertrag bis zum 31.3. des Folgejahrs zulässt für Urlaub, der aus betrieblich oder persönlichen Gründen nicht im laufenden Jahr zu nehmen war. Satz 2 ist gemäß § 13 I 3 BUrlG unwirksam.

b) Ja: Die werktägliche Arbeitszeit – gemäß § 2 Abs. 1 ArbZG ohne Ruhepausen zu berechnen – beträgt 8 Stunden. Dies entspricht der Grenze nach § 3 ArbZG. Bei einer Arbeitszeit von mehr als 6 bis zu 9 Stunden – wie hier – ist gemäß § 4 S. 1 ArbZG eine Ruhepause von 30 Minuten einzuhalten. Auch diese ist hier gewahrt.

Lösungsvorschlag Aufgabe 3:

Ja: Nur die Befristungsabrede bedarf zu ihrer Wirksamkeit nach § 14 Abs. 4 TzBfG der Schriftform. Der Abschluss eines Arbeitsverhältnisses ist formfrei wirksam möglich

(§ 105 GewO). Das Arbeitsverhältnis entsteht bei mangels Schriftform unwirksamer Befristung gemäß § 16 S. 1 TzBfG als auf unbestimmte Zeit geschlossen.

Lösungsvorschlag Aufgabe 4:

a) Gemäß § 1 Abs. 3 KSchG sind als Kriterien bei der Sozialauswahl zu berücksichtigen: Dauer der Betriebszugehörigkeit, Lebensalter, Unterhaltspflichten und Schwerbehinderung.

> **TIPP:** Achtung: Verwechseln Sie nicht Sozialauswahl und soziale Rechtfertigung! Sozialauswahl ist im Rahmen der sozialen Rechtfertigung bei der Fallgruppe betriebsbedingter Kündigungen als diesbezüglich speziell geregelte Interessenabwägung zu prüfen.

b) Rügefunktion (= Rügen arbeitsvertragswidrigen Verhaltens) und Warnfunktion (= Androhung der Kündigung für den Fall der Wiederholung des abgemahnten Verhaltens)

Lösungsvorschlag Aufgabe 5:

a) Ja: Das KSchG ist nicht anwendbar. Der bei Kündigungserklärung 6,5 Monate angestellte A hat zwar die Wartefrist von länger als 6 Monaten gemäß § 1 I KSchG erfüllt, jedoch ist der für den später als 31.12.2003 eingestellten A geltende Schwellenwert von mehr als 10 Arbeitnehmern gemäß § 23 Abs. 1 S. 3 KSchG nicht erreicht. Daher ist § 1 I, II KSchG nicht anwendbar und die darin der Wirksamkeit einer Kündigung vorausgesetzte soziale Rechtfertigung nicht nötig.

b) Bei einer vereinbarten Probezeit ist die gesetzliche Mindestkündigungsfrist gemäß § 622 Abs. 3 BGB auf zwei Wochen reduziert.

c) Die Probezeit im Ausbildungsverhältnis ist gemäß § 20 BBiG mindestens ein Monat und kann höchstens bis zu vier Monaten verlängert vereinbart werden.

Lösungsvorschlag Aufgabe 6:

Ein Ruhen des Arbeitslosengeldanspruchs aufgrund einer Abfindung gemäß § 158 Abs. 1 SGB III tritt nur dann ein, wenn das Arbeitsverhältnis ohne Einhalten einer der ordentlichen Kündigungsfrist des Arbeitgebers entsprechenden Frist beendet worden ist. Die ordentliche Kündigungsfrist betrug am Stichtag der Vereinbarung des Aufhebungsvertrags am 10.6.2018 drei Monate zum Kalendermonatsende (= bis 30.9.2018) gemäß § 622 Abs. 2 Nr. 3 BGB, da das am 15.9.2009 begonnene Beschäftigungsverhältnis am 10.6.2018 acht Jahre bestanden hatte. Da bei der Vertragsbeendigung zum 30.9.2018 die ordentliche Kündigungsfrist eingehalten ist, muss A mit keinem Ruhen des Arbeitslosengelds aufgrund Abfindung rechnen.

III. Fragestellungen im Prüfungsgespräch

1. Fragen

1. Was ist ein Arbeitnehmer?

2. Was versteht man unter „Betrieblicher Übung"?

3. Was versteht man bei Einstellungsgesprächen unter dem „Recht zur Lüge"?

4. Nennen Sie drei Beispiele eines sachlichen Grundes für die Befristung eines Arbeitsverhältnisses!

5. Welche andere Art der Befristung gibt es außer kalendermäßiger Befristung? Wann endet eine derartige nicht kalendermäßige Befristung?

6. Inwieweit kann ein Arbeitgeber gegen den Lohnanspruch seines Arbeitnehmers mit einem Schadensersatzanspruch gegen diesen aufrechnen?

7. Welche Rechte hat ein Arbeitnehmer, wenn er wegen eines durch das AGG geschützten Grundes benachteiligt wird?

8. Ab welcher Betriebsgröße besteht in Betrieben für die Arbeitnehmer grundsätzlich ein Anspruch auf Teilzeitarbeit? Wie wird die Betriebsgröße errechnet? Geben Sie hierzu auch die einschlägige Rechtsvorschrift an!

9. Welche beiden Fristen muss ein Arbeitnehmer beachten, wenn er – außerhalb von Elternzeit – von seinem Arbeitgeber die Verringerung seiner Arbeitszeit beanspruchen will? In welchen Vorschriften ist das geregelt?

10. Welche Auswirkungen hat die Elternzeit auf den Bestand des Arbeitsvertrags sowie auf die arbeitsvertraglichen Hauptpflichten?

11. In welchem Umfang ist während Elternzeit eine Teilzeittägigkeit möglich? Wo ist das geregelt?

12. Welche Fristen sind zu beachten, wenn man einen Entschädigungsanspruch wegen Diskriminierung geltend machen will?

13. Wann haftet der Arbeitgeber für Personenschäden des Arbeitnehmers? In welcher Vorschrift ist dies geregelt?

14. Welche Personengruppen können nur nach Ausnahmegenehmigung durch eine Behörde gekündigt werden?

15. Auf welches formelle Verfahren muss man achten, wenn einem minderjährigen Auszubildenden während der Probezeit gekündigt werden soll? Wie lange wäre die Kündigungsfrist?

16. Welche Formerfordernisse muss eine außerordentliche Kündigung eines volljährigen Auszubildenden erfüllen? In welcher Vorschrift ist dies geregelt?

17. Muss eine Abmahnung schriftlich erklärt werden?

18. Was ist vor der Erklärung einer Verdachtskündigung durchzuführen?

19. Können Sie wirksam per E-Mail Ihr Arbeitsverhältnis kündigen? Geben Sie hierzu die einschlägige Rechtsvorschrift an!

20. Ist es möglich, einen Arbeitnehmer auch in einem dem allgemeinen Kündigungsschutz unterstehenden Betrieb wegen Krankheit zu kündigen? Wenn ja: Unter welchen Voraussetzungen?

21. Was ist eine Änderungskündigung?

22. Bei welcher Behörde wäre die für eine Kündigung eines Schwerbehinderten vorausgesetzte Ausnahmegenehmigung zu beantragen?

23. Unter welcher Voraussetzung kann Arbeitnehmer A fristlos seinem Arbeitgeber X gegenüber kündigen, wenn X immer wieder gegenüber A in Lohnrückstand gerät?

24. Ab welchem Schwellenwert hat ein Betrieb einen Datenschutzbeauftragten zu bestellen? Wo ist das geregelt?

25. Aufgrund welcher Pflicht des Arbeitgebers kann ein Anspruch auf ein Zwischenzeugnis bestehen? Nennen Sie ein Beispiel!

26. Nennen Sie einen Bestandteil der sogenannten „dreifachen Schlussformel" eines Zeugnisses. Besteht hierauf ein Anspruch der Arbeitnehmer?

27. Wie sind Urlaubsentgelt, Urlaubsgeld und Urlaubsabgeltung zu definieren? Geben Sie hierzu auch gegebenenfalls einschlägige Vorschriften an!

28. Kann der Arbeitgeber bei vorzeitigem Ausscheiden des Arbeitnehmers diesem bereits zu viel erteilten Urlaub bzw. das insoweit überzahlte Urlaubsentgelt zurückfordern? Wo ist das geregelt?

29. Welche Form und Frist ist für die Beantragung von Erholungsurlaub – abgesehen von den zu wahrenden Übertragungszeiträumen für Resturlaub – bzw. für die Inanspruchnahme von Elternzeit zu wahren?

30. Wie lange kann vor dem Beginn der Mutterschutzfristen entstandener Resturlaub genommen werden? Wo ist das geregelt?

31. Ab welchem Schwellenwert der Betriebsgröße können Arbeitnehmer Freistellung zur kurzzeitigen Pflege bzw. Organisation der Pflege in Anspruch nehmen? Bis zu wie vielen Arbeitstagen gilt eine derartige pflegebedingte Arbeitsverhinderung als kurzzeitig? Wo ist das geregelt?

32. Besteht eine Anspruchsgrundlage für Arbeitnehmer auf Fortzahlung des Entgelts während kurzzeitiger Pflegezeiten? Wenn ja: Kann man dies vertraglich ausschließen?

33. Bis zu welcher Höchstgrenze wird von wem während der Mutterschutzfristen Mutterschaftsgeld bezahlt? Wo ist das geregelt?

34. Gibt es einen gesetzlichen Grenzwert für die Betriebsgröße hinsichtlich des Erstattungsanspruchs des Arbeitgebers gegen die Krankenkasse bzgl. des Zuschusses zum Mutterschaftsgeld?

35. Welche ununterbrochene Ruhezeit zwischen den täglichen Arbeitszeiten ist bei einem volljährigen Arbeitnehmer einzuhalten? Wo ist das geregelt?

36. Ist ein Arbeitnehmer ohne vertragliche Vereinbarung verpflichtet, Überstunden zu leisten? Kann wirksam vereinbart werden, Überstunden statt mit Lohn durch Freizeit abzugelten?

37. Wie ist das Entgelt für Auszubildende grundsätzlich zu bemessen? Darf es den gesetzlichen Mindestlohn unterschreiten? Wo ist das geregelt?

38. Auf die Erfüllung welcher Pflicht nach dem Mindestlohngesetz (außer der Mindestlohnzahlung als solcher) hat der Arbeitgeber bei der Beschäftigung geringfügig Beschäftigter zu achten?

39. Welche drei Grundvoraussetzungen sind für den Anspruch auf Arbeitslosengeld bei Arbeitslosigkeit zu erfüllen?

40. Welche drei Voraussetzungen sind für „Arbeitslosigkeit" eines Arbeitnehmers zu erfüllen? Wo ist das geregelt?

41. Welche Frist muss ein gekündigter Arbeitnehmer wahren, um sich arbeitssuchend zu melden? Was riskiert er, wenn er die Frist versäumt? In welchen Vorschriften ist das geregelt?

42. Wann liegt ein sozialversicherungsrechtliches Beschäftigungsverhältnis vor?

43. Inwieweit wird Nebeneinkommen auf Arbeitslosengeld angerechnet? In welcher Vorschrift ist das geregelt?

44. Was ist Grundvoraussetzung dafür, dass ein Zeitraum des Ruhens bzgl. des Arbeitslosengeldbezugs bei der Beendigung eines Beschäftigungsverhältnisses mit Entlassungsentschädigung zu prüfen ist? Wo ist das geregelt?

45. Besteht Krankenversicherungspflicht für Auszubildende?

46. Welcher Anspruch für Arbeitnehmer direkt gegen den Arbeitgeber ist im ansonsten die Krankenversicherung betreffenden SGB V geregelt?

47. Besteht Rentenversicherungspflicht für geringfügig Beschäftigte? Inwieweit ist der Beginn des Beschäftigungsverhältnisses hierfür relevant?

48. Welche Frist gilt für den Einspruch gegen ein arbeitsgerichtliches Versäumnisurteil? Welchem Verfahrensgrundsatz entspricht die Kürze dieser Frist?

49. Welches Gericht ist für die Durchführung des arbeitsgerichtlichen Mahnverfahrens zuständig? Welche Einspruchsfrist gilt gegen einen arbeitsgerichtlichen Mahnbescheid? In welcher Vorschrift ist das geregelt?

50. Nennen Sie zwei Möglichkeiten des örtlichen Gerichtsstands im arbeitsgerichtlichen Urteilsverfahren?

2. Antworten

1. Ein Arbeitnehmer ist, wer aufgrund eines privatrechtlichen Vertrags im Dienst eines anderen weisungsgebunden fremdbestimmte Leistung erbringt.

2. Soweit keine anderweitige vertragliche oder zwingende Regelung höherrangigen Rechts besteht, wird der Inhalt eines vom Arbeitgeber objektiv über einen längeren Zeitraum ohne Freiwilligkeitsvorbehalt regelmäßig wiederholten Verhaltens Bestandteil des Arbeitsvertrags.

3. Der Arbeitnehmer darf auf unzulässige Einstellungsfragen wahrheitswidrig antworten, ohne dass dies eine arglistige Täuschung im Sinne der Anfechtungsmöglichkeit nach § 123 BGB darstellt, da er nur auf diese Weise seine Einstellungschance realistisch wahren kann.

4. Z.B. Vertretung eines anderen Arbeitnehmers, nur vorübergehender betrieblicher Bedarf an der Arbeitsleistung oder in der Person des Arbeitnehmers liegende Gründe etc.

5. Zweckbefristung (§ 3 Abs. 1 TzBfG); Beendigung mit Erreichen des Zwecks, frühestens 2 Wochen nach Zugang der schriftlichen Unterrichtung (§ 15 Abs. 2 TzBfG).

6. Eine Aufrechnung gegen Lohnansprüche ist nur bis zur Pfändungsgrenze gemäß § 394 BGB i.V.m. § 850c ZPO möglich.

7. Beschwerderecht, Entschädigungsanspruch, Schadensersatzanspruch und – im Fall unterbliebener Maßnahmen gegen eine Benachteiligung durch Belästigung oder sexuelle Belästigung – ein Leistungsverweigerungsrecht.

8. Schwellenwert = mehr als 15 Arbeitnehmer bei Zählung nach Köpfen; nicht anteilig nach Stundenzahl wie in § 23 KSchG (vgl. § 8 Abs. 7 TzBfG).

9. Zum einen ist die Wartezeit von mehr als 6 Monaten Beschäftigungsdauer gemäß § 8 I TzBfG abzuwarten. Zum anderen muss der Arbeitnehmer die Antragsfrist von spätestens 3 Monaten vor Beginn der geltend gemachten Verringerung nach § 8 II TzBfG beachten.

10. Der Arbeitsvertrag bleibt rechtlich bestehen. Die arbeitsvertraglichen Hauptpflichten ruhen: Der Arbeitgeber ist also von der Vergütungspflicht, der Arbeitnehmer von der Pflicht zur Arbeitsleistung suspendiert.

11. Während der Elternzeit ist Erwerbstätigkeit bis höchstens 30 Wochenstunden gemäß § 15 Abs. 4 BEEG möglich.

12. Ein Entschädigungsanspruch wegen Diskriminierung § 15 Abs. 2 AGG ist gemäß § 15 Abs. 4 S. 1 AGG binnen einer Ausschlussfrist von zwei Monaten schriftlich geltend zu machen. Darüber hinaus gilt gemäß § 61b ArbGG eine Klagefrist von drei Monaten nach der schriftlichen Geltendmachung.

13. Der Arbeitgeber haftet für einen Personenschaden des Arbeitnehmers gemäß § 104 SGB VII, wenn er den Unfall vorsätzlich oder auf einem unfallversicherten Weg zu bzw. von der Betriebsstätte im Sinne des § 8 Abs. 2 Nr. 1 – Nr. 4 SGB VII herbeigeführt hat.

14. Frauen während der Schwangerschaft und bis zum Ablauf von vier Monaten nach der Entbindung; Arbeitnehmer ab Verlangen höchstens acht Wochen vor der Elternzeit und während der Elternzeit; Beschäftigte ab Ankündigung bis zur Beendigung einer Pflegezeit bzw. kurzeitigen pflegebedingten Arbeitsverhinderung; schwerbehinderte Menschen nach sechsmonatigem Bestehen ihres Arbeitsverhältnisses.

15. Die Kündigung muss schriftlich sein und den gesetzlichen Vertretern des minderjährigen Auszubildenden zugehen. Die Kündigung eines Auszubildenden während der Probezeit ist jederzeit, also ohne Einhaltung einer Kündigungsfrist möglich.

16. Gemäß § 22 Abs. 3 BBiG muss die außerordentliche Kündigung eines Auszubildenden schriftlich und unter Angabe der Kündigungsgründe erklärt werden.

17. Nein.

18. Anhörung des verdächtigten Arbeitnehmers.

19. Nein: Gemäß § 623 BGB besteht für eine Kündigung des Arbeitsvertrags ein gesetzliches Schriftformerfordernis und ist hierzu die elektronische Form ausdrücklich ausgeschlossen. Die Kündigungserklärung wäre wegen Schriftformmangels nach § 125 BGB nichtig.

20. Ja, nach folgenden Maßgaben im Rahmen der sozialen Rechtfertigung: negative Prognose, erhebliche Beeinträchtigung der betrieblichen Interessen, keine anderweitige Weiterbeschäftigungsmöglichkeit.

21. Änderungskündigung = Kündigung des bisherigen Arbeitsverhältnisses bei gleichzeitigem Anbieten der Fortsetzung des Arbeitsverhältnisses zu geänderten Arbeitsbedingungen.

22. Integrationsamt.

23. Der außerordentlichen Kündigung des A aus wichtigem Grund (§ 626 BGB) wegen wiederholter Verletzung der Lohnzahlungspflicht müsste zunächst eine erfolglose Abmahnung vorausgehen (§ 314 Abs. 2 BGB).

24. Gemäß Art. 37 Abs. 4 DSGVO i.V.m. § 38 Abs. 1 BDSG ist ein Datenschutzbeauftragter zu bestellen, wenn mindestens zehn Personen im Betrieb mit der Verarbeitung personenbezogener Daten beschäftigt sind.

25. Aufgrund der Fürsorgepflicht des Arbeitgebers, wenn der Arbeitnehmer einen triftigen Grund für ein Zwischenzeugnis hat – wie z.B.: Versetzung, Wechsel des Vorgesetzten, längere Unterbrechung wie Elternzeit o.ä.

26. Bestandteile = Dank, Bedauern des Ausscheidens und gute Zukunftswünsche. Es besteht kein Anspruch auf eine Schlussformel.

27. Urlaubsentgelt = gesetzliche Urlaubsvergütung gemäß §§ 1, 11 BUrlG

    Urlaubsgeld = frei zu vereinbarende Zusatzleistung

    Urlaubsabgeltung = gesetzlich nach § 7 Abs. 4 BUrlG geschuldete Abgeltung von Resturlaub, der wegen der Beendigung des Arbeitsverhältnisses nicht mehr genommen werden kann

28. Nein. Es kann keine Rückerstattungspflicht gemäß § 5 Abs. 3 BUrlG geltend gemacht werden.

29. Für die Beantragung von Erholungsurlaub gibt es grundsätzlich keine gesetzliche Form und Frist zu wahren. Die Inanspruchnahme von Elternzeit ist spätestens sieben Wochen vor Beginn schriftlich zu verlangen.

30. Gemäß § 24 S. 2 MuSchG ist vor den Mutterschutzfristen entstandener Resturlaub nach den Mutterschutzfristen im laufenden und im ganzen folgenden Jahr zu beanspruchen.

31. Für die Inanspruchnahme der Freistellung für kurzzeitige Pflege bzw. Pflegeorganisation gemäß § 2 PflegeZG ist – anders als für die Pflegezeit nach § 3 PflegeZG – kein Schwellenwert einer bestimmten Betriebsgröße vorausgesetzt. Die kurzzeitige Arbeitsverhinderung nach § 2 PflegeZG umfasst bis zu zehn Arbeitstage.

32. Es besteht zwar nicht aus § 2 PflegeZG, jedoch aus § 616 BGB eine Anspruchsgrundlage auf Entgeltfortzahlung bei vorübergehender unverschuldeter persönlicher Arbeitsverhinderung. Der Anspruch nach § 616 BGB kann jedoch wirksam vertraglich abbedungen werden.

33. Die Krankenkasse zahlt bis zu 13 € des kalendertäglichen Nettoentgelts gemäß § 19 Abs. 1 MuSchG, § 24i SGB V.

34. Nein.

35. Die ununterbrochene Ruhezeit beträgt nach § 5 ArbZG mindestens elf Stunden.

36. Ja. Eine Verpflichtung zur Überstundenleistung besteht ohne vertragliche Regelung nicht. Die Abgeltung geleisteter Überstunden durch Freizeitausgleich kann wirksam vereinbart werden.

37. Das Mindestlohngesetz ist gemäß § 22 Abs. 3 MiLoG nicht auf zu Ihrer Berufsausbildung Beschäftigte anzuwenden. Im Übrigen ist Auszubildenden nach § 17 BBiG eine angemessene Vergütung zu bezahlen.

38. Aufzeichnungs- und Dokumentationspflicht nach § 17 MiLoG bzgl. Beginn, Ende und Dauer der täglichen Arbeitszeit.

39. Arbeitslosigkeit, persönliche Arbeitslosmeldung, Erfüllung der Anwartschaftszeit.

40. Beschäftigungslosigkeit, Eigenbemühungen und Verfügbarkeit gemäß § 138 Abs. 1 Nr. 1 – Nr. 3 SGB III.

41. Gemäß § 38 Abs. 1 SGB III hat die Meldung als arbeitssuchend drei Monate vor der Beendigung des Arbeitsverhältnisses zu erfolgen oder – falls zwischen Kenntnis und Eintritt der Beendigung weniger als drei Monate liegen – binnen drei Tagen nach Kenntnis des Beendigungszeitpunkts. Andernfalls riskiert der Arbeitnehmer eine Sperrzeit von einer Woche gemäß § 159 Abs. 6 SGB III.

42. Ein sozialversicherungsrechtliches Beschäftigungsverhältnis ist gegeben bei nichtselbständiger Arbeit, insbesondere in einem Arbeitsverhältnis.

43. Gemäß § 155 SGB III: Anrechnung bis zu Freibetrag von 165,00 €.

44. Gemäß § 158 I SGB III: die Beendigung des Arbeitsverhältnisses ohne Einhaltung der für den Arbeitgeber geltenden ordentlichen Kündigungsfrist.

45. Ja.

46. Freistellungsanspruch wg. Betreuung erkrankter Kinder nach § 45 III SGB V.

47. Sofern eine geringfügig entlohnte Beschäftigung ab 1.1.2013 eingegangen worden ist, gilt für diese grundsätzlich gesetzliche Rentenversicherungspflicht.

48. Die Einspruchsfrist beträgt eine Woche. Dies entspricht dem Beschleunigungsgrundsatz im arbeitsgerichtlichen Verfahren.

49. Gemäß § 46a ArbGG ist bereits für die Durchführung des Mahnverfahrens das Arbeitsgericht zuständig, das für die Klage im Urteilsverfahren zuständig wäre. Die Einspruchsfrist beträgt eine Woche.

50. Z.B. Gerichtsstand des Firmensitzes oder des gewöhnlichen Arbeitsortes.